© 2017 Michael Franzen

Umschlaggestaltung: Michael Franzen
Text und Lektorat: Michael Franzen

Western Books Verlag©, Michael Franzen, 24534 Neumünster
michaelfranzen1965@googlemail.com

Druck: Neopubli GmbH 10969 Berlin

ISBN Paperback: 978-3-750286-84-9
ISBN eBook: 978-3-7485-9601-1

Michael Franzen

Buffalo Bill

Westernheld und Showmaster

Inhalt

Vorwort 7

Herkunft 10

Das blutige Kansas 17

Aufbruch in den Westen 35

Der Bürgerkrieg 48

Der wahre Buffalo Bill 54

Auf der Theaterbühne 66

Buffalo Bill´s Wild West 79

Der berühmteste Amerikaner 101

Der letzte Vorhang fällt 105

Ehre wem Ehre gebührt 109

Bibliografie 113

Bereits erschienen 115

*„Wer die Wahrheit sagt,
braucht ein schnelles Pferd."*

William Frederick *„Buffalo Bill"* Cody

Vorwort

Vor gut 100 Jahren, im Jahre 1917, verstarb einer der berühmtesten Männer Amerikas und wurde in Denver, Colorado zur letzten Ruhe gebettet.
„Buffalo Bill", mit bürgerlichem Namen William Frederick Cody, verkörpert auch heute noch den Inbegriff des amerikanischen Wilden Westens. In seiner Show Wild West traten echte Indianer und Cowboys, mexikanische Vaqueros, Kosaken, Araber, Reiter in den Uniformen amerikanischer, französischer und deutscher Kavallerieregimenter, Dragoner, Ulanen, Husaren sowie echte Büffel auf und zeigten den staunenden Zuschauern eine atemberaubende Show mit inszenierten Postkutschenüberfällen, Büffeljagden, Kriegstänzen der Indianer und weiteren spektakulären Höhepunkten, darunter Buck Taylor, den „König der Cowboys", die Meisterschützin Annie Oakley zusammen mit ihrem Ehemann Frank Butler und am Ende sogar den Hunkpapa-Häuptling und „Custer-Bezwinger" Sitting Bull, der eine Saison lang in Codys Show auftrat und dort von den Zuschauern ausgebuht und angefeindet worden war.
Cody zeigte seinem staunenden Publikum, das den Wilden Westen größtenteils nur vom Hörensagen her kannte, ein lautes und buntes Spektakel, welches mit der Realität des „Good Old West" nur bedingt zu tun gehabt hatte. Mit seiner „wahren" Wildwestshow und

all den darin vorkommenden Elementen, schuf er eine, aus seiner Sichtweise heraus, reale Widerspiegelung des Wilden Westens, mit seiner Person als dem wohl berühmtesten Kundschafter, der je über die Prärien Nordamerikas geritten war.

Cody wurde geliebt und verehrt, aber auch kritisiert, da er den Wilden Westen in seiner Show romantisiert hatte und weil diese mit der Realität so gut wie gar nichts zu tun gehabt hatte. Zudem hatte er die Indianer, die dort aufgetreten waren, schamlos zu seinen Vorteil ausgebeutet.

Allerdings stimmen diese Behauptungen nur bedingt, denn Cody war zumindest bemüht gewesen, seiner Show ein Stück Realismus einzuhauchen. Dass dieses in Bezug auf das große Ganze natürlich nur bedingt realisierbar gewesen war, versteht sich dabei von selbst. Wollte man diese Kritik mit heutigen Maßstäben messen, so gehören wohl die meisten aller Wildwestfilme, die jemals in Hollywood oder anderswo gedreht und in die Kinos gelangt waren, wegen des fehlenden Realismus ebenfalls auf dem „Müllplatz" des amerikanischen Klischees von „den roten Teufeln" und den „guten Weißen." Dass Cody die indianischen Darsteller in seiner Show zwar nicht reich gemacht, aber immerhin gut behandelt hatte, dürfte dabei ebenfalls kaum in Abrede gestellt werden. Zumindest genossen sie in Codys Show ein besseres Leben, als jenes ihrer Brüder, die in den Reservaten, in denen sie nach ihrer Unterwerfung durch die US-Armee umgesiedelt worden waren, ein eher trostloses und ärmliches Leben führten.

Doch wie genau vollzog sich Codys Lebensweg vom Mann des Westens zum Schauspieler des Ostens, dem bereits als Kind prophezeit worden war, dass er in ferner Zukunft einmal der Präsident der USA oder ein weltweit berühmter Mann werden würde?
Diese Frage zu beantworten und den Lebensweg Codys nachzuverfolgen, hat sich der Autor in diesem Buch zum Ziel gesetzt. Machen wir uns daher gemeinsam auf eine Reise zurück in die Vergangenheit und folgen wir den längst verwehten Spuren Buffalo Bill Codys, die in dem Territorium von Iowa ihren Anfang nehmen und die Jahrzehnte später in Colorado schließlich enden sollten.

Neumünster, im Februar 2020,
der Autor

Herkunft

Folgt man Don Russells Biografie „*The Lives and Legends of Buffalo Bill*", so reicht der Stammbaum der Codys weit in die Vergangenheit zurück, bis zu einem Mann namens Philippe (Philip) Le Caude, dessen Nachname laut den verschiedenen zeitgenössischen Aufzeichnungen und je nach Lesart u. a. als Legody, Lagody, McCody, Micody, Codie, Gody bzw. Coady gelautet hatte, woraus sich später schließlich der endgültige amerikanische Name Cody ableiten sollte. Philippe entstammte trotz seines französischen Namens der Isle of Jersey, die neben der Kanalinsel Guernsey seit dem Mittelalter zur englischen Krone gehörte. Am 15. September 1692 heiratete er in der Pfarrei St. Bredales, auf der Isle of Jersey, die von Guernsey stammende Marthe (Martha) Le Brocq und zum Ende des 17. Jahrhunderts hin, wanderte das Ehepaar in die englische Kolonie Massachusetts nach Nordamerika hin aus, wo sie sich 1698 in dem Ort Beverly niederließ. Sie wurden Mitglieder der ersten Kirche von Beverly und stolze Eltern von fünf oder sechs Kindern, die allesamt in dem Ort getauft worden waren. 1720 kaufte Philip ein Stück Land in Hopkinton, Massachusetts, wohin die ganze Familie, wahrscheinlich im Jahre 1722 oder 1723 zog. Dort starb Philip Coady im Jahre 1743 und weitere Generationen von Codys siedelten sich danach in ganz

Neuengland und auch darüber hinaus an.

Buffalo Bills Vater Issac Cody wurde als Sohn seiner Eltern Philip J. Jr. (1770-1850) und Lydia Martin Cody am 15. September 1811 in Toronto Township, Peel County, im Oberen Kanada geboren und war das sechste Kind von vier Söhnen und fünf Töchtern. Als er 17 Jahre alt geworden war, zog die ganze Familie auf eine Farm in der Nähe von Cleveland, Ohio, wo Isaac neben seinen Geschwistern aufwuchs. Sechs weitere Jahre später heiratete er Martha Miranda O'Connor, die jedoch 1835 kurz nach der Geburt ihres ersten gemeinsamen Kindes, einer Tochter namens Martha Crane, die am 14. Juni geboren worden war, verstarb. Bereits im selben Jahr heiratete Isaac seine zweite Frau - die aus dem Medina County, Ohio stammende Rebecca Sumner, aber auch diese Ehe war nur von kurzer Dauer, denn Rebecca verstarb ebenfalls früh und die Ehe blieb somit kinderlos.
1839 zog Isaac zusammen mit seinem älteren Bruder Elijah und dessen Familie hinüber nach Missouri. Sie bestiegen zusammen einen Flussdampfer, der sie auf dem Ohio River hinüber nach Cincinnati brachte. Dort lernte Isaac dann seine dritte Frau, die Lehrerin Mary Ann Bonsell Laycock kennen, die um das Jahr 1817 herum als Tochter von Samuel und Hannah Laycock in Pennsylvania oder New Jersey geboren worden war. Es entwickelte sich sofort eine stürmi-

sche Liebe zwischen den beiden. Isaac setzte seine Reise nach Missouri zunächst fort, doch bald darauf trennten sich die Wege der beiden Brüder schließlich und Isaac kehrte bald darauf nach Cleveland zurück, holte dort seine in Obhut gegebene Tochter Martha ab und wandte sich zusammen mit ihr wieder zurück nach Cincinnati, wo 1840 die dritte Heirat mit Mary Ann stattfand, die anders als die davor stattgefundenen Ehen, dieses Mal glücklicher verlaufen sollte.
Allerdings war Isaac, wie viele Männer seiner Zeit, von der „Krankheit" der Wanderlust befallen und fortwährend von dem Gedanken beseelt gewesen, weiter nach dem Westen hin ziehen zu wollen, um dort in dem freien und unbewohnten Land eine neue Heimat zu finden. So zogen er und seine kleine Familie kurz nach der Heirat hinüber nach Davenport, ins Ohio-Territorium, wo er als Indianerhändler den Ohio und Mississippi River befuhr. Bald darauf kaufte er ein Haus in dem Ort Le Claire im Scott County, Iowa-Territorium, wo ihr erster gemeinsamer Sohn Samuel im Februar oder April 1841 geboren wurde. Außerdem errichtete er zwei Meilen westlich von Le Claire auf einem Stück Land, welches er zuvor erworben hatte, eine Blockhütte mit vier Räumen, in der die Familie fortan lebte. Es war ein hübsches, sonnenbeschienenes Haus gewesen, umgeben von Wäldern und bunten Wiesen. Das ganze Anwesen erhielt den Namen „Scottfarm." Dort kamen am

28. März 1843 die zweite Tochter Julia Melvina, sowie das vierte Kind und gleichzeitige Hauptfigur dieses Buches, William Frederick Cody am 26. Februar 1846 zur Welt. Nach William folgten noch die Geschwister Eliza Alice (20. März 1848), Helen Ella (27. Juni 1850), Mary Hannah „*May*" (12. Oktober 1852) und der Bruder Charles „Charlie" Whitney am 10. Mai 1855.

Im Jahre 1850, als die Nachricht von den großen Goldfunden bei Sutter's Sägemühle in Kalifornien auch den Osten der USA erreicht hatte, beschloss Isaac zusammen mit zwei weiteren Männern namens George Long und Dennis Barnes hinüber zu den Goldfeldern zu ziehen. Diese Reise kam dann jedoch nicht zustande, da Isaac erkrankte, bzw. Long von den Nachrichten über Indianerüberfälle auf weiße Auswanderer bzw. vom Schicksal der Donner-Party Kenntnis erlangt hatte, einem Planwagenzug, der in den Sierras vom Winter überrascht und vom Tiefschnee eingeschlossen worden war. Dabei kam es zu Kannibalismus unter den Auswanderern, die über keinerlei Nahrungsmittel mehr verfügt hatten. Dieses alles dürfte dann auch Longs Begeisterung für den Trail wahrscheinlich erheblich gedämpft haben und da Cody und Barnes nicht in der Lage gewesen waren, die Reise alleine finanzieren zu können, wurde der Plan nach Kalifornien zu gehen, am Ende schließlich fallengelassen. Isaac tauschte seinen Wagen gegen ein frühzeitliches Modell eines Krankenwagens ein und transportierte mit ihm einmal die Woche Passagiere und Post von Davenport nach Chicago. 1852 verkaufte er sein Unternehmen sowie sein Anwesen in Le Claire jedoch schon wieder und schloss, wie schon zuvor im Jahre 1847, einen neuerlichen Kontrakt mit William F. Brackenridge, um dessen Farm bei Walnut Grove zu verwalten.

Wie alle Kinder in seinem Alter mit all ihren Abenteuern und täglichen Erlebnissen, wuchs William Frederick heran, erlernte früh das Schießen und Reiten, war aber auch nicht abgeneigt gewesen, aus einem nahegelegenen Obstgarten Melonen und Äpfel zu stibitzen. Weiterhin erzählte Cody in seiner späteren Biografie, dass er und zwei weitere Jungen einmal hilflos mit einem Boot auf dem Mississippi River abgetrieben worden waren, weil sie ihre Ruder verloren hatten. Sie schrien laut um Hilfe und ein Mann am Ufer hörte sie schließlich und brachte die drei „Flusspiraten" in seinem Kanu wieder sicher an Land zurück. Einen weiteren Freund fand William ferner in dem Hund Turk, den Helen Cody in ihrer späteren Autobiografie als eine Rasse von jenen Hunden beschrieb, die in Deutschland für die Jagd verwendet wurden. Es war ein treues, intelligentes Tier und ein guter Freund und Helfer der Familie gewesen, gleichwohl Cody Turk in seiner späteren Autobiografie nicht erwähnen sollte. Vielleicht hatte er ihn schlichtweg vergessen oder wollte sich nicht mehr an ihn erinnern.

Der Schulunterricht fand in einem Blockhaus statt, welches sein Vater 1847 gemietet hatte. Der Unterricht wurde von einer Helen Goodridge geleitet, wobei sie die Anzahl von 12 bis 15 Schüler unter ihrer Aufsicht hatte, darunter auch Martha, Samuel und Julia. Den Großteil seiner Zeit verbrachte William allerdings nicht mit dem Lesen von Schulbüchern, sondern u. a. mit dem Bauen und Aufstellen von Fallen, in denen er Wachteln fing.

Am 11. September 1853 starb Samuel Cody auf überaus tragische Weise, als er zusammen mit William die Kühe von der Weide am Abend zur Farm treiben sollte. Er saß dabei auf einer Fuchsstute namens *Betsy Baker*, ein edles Rassepferd von feurigem, jedoch auch bösartigem Temperament, die ihren Reiter schon des Öfteren abgeworfen hatte. So auch an diesem Tag. Das Pferd bockte und schlug nach allen Seiten aus, doch Samuel blieb fest im Sattel und als das Pferd scheinbar seinen Widerstand aufgegeben hatte, frohlockte er in seiner kindlichen Art und rief:

„Na, Betsy, heute ist es dir nicht gelungen."

Doch dann stieg das Pferd auf den Hinterhufen kerzengerade in die Höhe und warf sich auf den Rücken, den Jungen unter sich begrabend. Ein Arzt untersuchte Samuel zwar noch am selben Tag, doch die Verletzungen waren zu schwer gewesen, sodass er nichts mehr für ihn tun konnte. Am nächsten Morgen verstarb Samuel zu Hause im Bett.

Auf diese Art sollte sich dann auch eine Prophezeiung erfüllen, die zu den merkwürdigen Familiengeschichten der Codys gehören sollte und in der Helen Cody später einmal erzählen sollte, dass ihre Mutter zusammen mit ihrer Tante als Mädchen einmal eine Wahrsagerin aufgesucht hätten, die der Tante weissagte, dass sie und ihre beiden zwei Kinder innerhalb von zwei Wochen der Tod ereilen würde. Dieses geschah tatsächlich vor Ablauf der Zeit, denn alle drei erkrankten am Gelbfieber und verstarben daran. Der andere Teil der Prophezeiung, der für Mary Ann bestimmt gewesen war, lautete hingegen, dass sie ihren zukünftigen Mann auf einem Dampfschiff kennenlernen würde und dass sie ihn innerhalb eines Jahres zum Mann nehmen würde. Ferner, dass sie drei Söhne haben würde, wovon nur der zweite Sohn am Leben bleiben und eines Tages auf der ganzen Welt Berühmtheit erlangen oder Präsident der Republik werden würde. Mary Ann Laycock war - auch unter dem Eindruck von Samuels Tod - noch stärker davon überzeugt gewesen, dass William tatsächlich zu etwas Größerem bestimmt gewesen war und während er von seinen älteren Schwestern verhätschelt wurde, betrachteten ihn die jüngeren als ein „höheres Wesen", dem als zukünftiger Präsident der USA noch große Dinge beschieden sein sollten. Zwar sollte es William tatsächlich nicht ins Weiße Haus schaffen (im kindlichen Alter wollte er das nach eigenem Bekunden auch gar nicht), doch der erste Teil der Weissagung sollte sich später auf eindrucksvolle Art und Weise erfüllen.

Das blutige Kansas

Die blutigen Auseinandersetzungen im Kansas-Territorium waren letztendlich das Ergebnis eines bereits über die Jahrzehnte hinweg schwelenden Konfliktes im Bezug auf die Sklavenfrage, in wirtschaftlicher als auch moralischer Hinsicht. Einerseits gab es den wirtschaftlich starken Norden der USA, verbunden mit dem voranschreitenden industriellen Wachstum. Im Gegensatz dazu stand der Süden, wo immer noch die Plantagenwirtschaft vorherrschte, wobei die Baumwolle der gewinnträchtigste Exportartikel darstellte und wo man auch weiterhin auf die Handarbeit von Menschen, sprich Sklaven setzte, die zudem billiger als Maschinen waren.

Im Laufe der Jahre und Jahrzehnte war die junge Nation gewachsen, wobei die verschiedenen Einzelstaaten mit und ohne Sklavenhaltung abwechselnd in die

Union aufgenommen worden waren, um ein wirtschaftliches und politisches Gleichgewicht im US-Kongress zu schaffen. Die Frage Pro- oder Contra-Sklaverei als moralischer Stein des Anstoßes, wurde dabei durch eine Reihe von politischen Kompromissen vor sich her geschoben, kochte wie in einem Dampfkessel bedrohlich vor sich hin und entlud sich schließlich 1861 in dem Amerikanischen Bürgerkrieg, in dem eine wegen der Sklavenfrage zutiefst zerstrittene Nation zu den Waffen griff, um ihre aufgestauten Differenzen auf dem „Feld der Ehre" zu bereinigen.

Zuvor, im Januar 1854, wurde der Entwurf des Kansas-Nebraska-Acts von dem aus Illinois stammenden US-Senator Stephen Arnold Douglas (1813-1861) dem Kongress zur Ratifizierung vorgelegt. Durch dieses Gesetz wurden die beiden Territorien Kansas und Nebraska aus dem Taufbecken gehoben, in denen sich die kommende Generation Siedler selber für oder gegen die Sklaverei entscheiden sollte. Bei Nebraska lag der Fall relativ einfach, denn dieses neue Territorium wurde in der Hauptsache von Iowa und Wisconsin aus besiedelt, die beide Nordstaaten waren. Somit sorgten die eingewanderten Siedler dann auch dafür, dass Nebraska am Ende sklavenfrei blieb. Im Gegensatz dazu stand Kansas, das mit seiner östlichen Grenze an Missouri stieß, in dem viele Pro-Sklavereianhänger lebten. Nach Errichtung des Territoriums stand diese Grenze nun weit offen und Anhänger als auch Gegner der Sklaverei rüsteten sich schon bald zum Einmarsch in das Gebiet, um es entweder für den Süden oder dem Norden in Beschlag zu nehmen. Erste Freischärlerbanden begannen sich zu organisieren. Im Falle der Sklavereianhänger waren das die sogenannten Border Ruffians oder „Grenzlandrüpel", denen auf Seiten der Sklavereigegner die Jayhawkers = „schräge Vögel" gegenüberstanden. Erstere gründeten Mitte 1854 die Städte Atchinson, Leavenworth und Kickapoo, derweil die Abolitionisten Lawrence und Topeka aus dem Boden stampften.

Der tödliche Unfall von Samuel Cody, der damit verbundene schlechte Gemütszustand von Mary Ann sowie die Goldfunde in Kalifornien waren am Ende der Anlass dafür gewesen, dass die Codys weiter nach dem Westen zogen. Isaacs Ziel war dabei zunächst Kalifornien gewesen, doch dann begann er sich mehr und mehr für das Kansas-Territorium zu interessieren und als er 1853 von den Gerüchten hörte, das man dieses Territorium schon bald zur Besiedlung freigeben würde, kontaktierte er seinen Bruder Elijah, der zu dieser Zeit in Weston, Missouri lebte, um nähere Informationen darüber zu erhalten. Zudem schrieb er eine Anfrage an mehrere Kongressabgeordnete, die ihm daraufhin versicherten, dass das Kansas-Nebraska-Act bereits im Winter verabschiedet werden würde. Auf diese Information hin, traf Isaac alle nötigen Vorbereitungen, um zusammen mit seiner Familie weiter nach dem Süden, nach Missouri zu ziehen.

Am 01. April 1854 brach die ganze Familie schließlich auf. Mit einem großen, prächtigen Wagen, der innen mit Leder ausgestattet und von außen feinst lackiert worden war, begann die abenteuerliche Reise. Gezogen wurde der Wagen von einem Gespann bestehend aus vier Pferden in silbernen Zaumzeug und er war mit allerlei Handelswaren beladen gewesen. William saß dabei als „Geleitschutz" auf seinem Pferd, die Flinte am Sattelknauf, während der Hund Turk, eine Ulmer Dogge, die Nachhut bildete. Die Nächte über verbrachte die ganze Familie zunächst in Privathäusern und kleineren Ansiedlungen, als jedoch die Niederlassungen immer spärlicher wurden, verbrachte man die erste Nacht dann auch in der Wildnis, was für die ganze Familie ein großes Abenteuer gewesen war. William und Turk gingen auf die Jagd und der Junge konnte, wenn auch erst im zweiten Anlauf, einen Hirsch erlegen. Am Sonntag darauf rettete William Turk aus dem Wasser eines Flüsschens, als der dort erhitzt von einer Kaninchenjagd hineingesprungen war und eine Art Starrkrampf bekommen hatte. Ein Fährmann bemerkte die beiden schließlich, zog sie aus dem Wasser und brachte sie anschließend ins Lager zurück.

Die Reise selber dauerte einen Monat und an der Grenze zu Missouri angelangt, hatte der junge William seine erste Begegnung mit einem schwarzen Sklaven, der als Arbeiter auf der Farm einer Witwe angestellt gewesen war, wo die Codys die Nacht über verbringen wollten und der den Jungen grinsend mit „Massa" ansprach, als dieser ihm die Hand schüttelte. Wenige Tage später erreichte die Familie die Farm von Elijah Cody in Weston, Platte County, Missouri, zwischen dem heutigen St. Joseph im Norden und Kansas City im Süden, wo sie herzlich willkommen geheißen wurden. Sie wurden in einem Haus der Farm, zwei Meilen außerhalb der Stadt einquartiert. Bald darauf machte sich Isaac zusammen mit William und einem Führer auf dem Weg gen Osten, um ein geeignetes Grundstück zur Errichtung eines eigenen Wohnhauses zu finden. Nach einigen Tagen erreichten sie den Salt Creek Hill und blickten hinunter in das Salt Creek Tal, das von terrassenförmig ansteigenden Hügeln umgrenzt und von einer Straße durchzogen wurde, auf dem die Goldsucher und Mormonen auf ihrem Weg nach dem Westen zogen, noch bevor der Oregon-Trail offiziell eröffnet worden war. Als Isaac hinunter ins Tal sah, wusste er sofort, dass er und seine Familie fortan dort unten leben würden. Im Tal selber gab es zudem eine Post- und Handelsstation verbunden mit einem Vorratslager, die als Rives Station bekannt gewesen war. Auf ihrem Rückweg über Fort Leavenworth, traf Isaac auf den Quartiermeister des Forts, der es ihm erlaubte, zukünftig seine Pferde im Salt Creek Valley zu weiden. Außerdem schloss Isaac einen Vertrag mit der Armee, der es ihm u. a. erlaubte im Tal ein Haus zu bauen und Heu zu machen, um die Pferde der Soldaten mit Futter zu versorgen. Während der sich anschließenden Bauphase, lebten Isaac und William im Salt Creek Valley, während der Rest der Familie vorerst in Weston verblieb. Bei den Reservatsindianern handelte Isaac zudem eine Stute sowie einen Hengst ein, die die Namen „Dolly", bzw. „Prince" bekommen sollten.

Am 30. Mai 1854 unterzeichnete US-Präsident Franklin Pierce (1804-1869) schließlich das Kansas-Nebraska-Act, doch da sich die Nachricht von der Freigabe zur Besiedlung des Territoriums zu jener Zeit nur langsam im Westen verbreitete, erfuhr Isaac erst am 10. Juni von diesem neuen Gesetz. Doch dann nahm er eiligst seine ganze Familie und zog mit ihr zu dem neuen Zuhause im Salt Creek Valley. Somit waren die Codys eine der ersten offiziellen Siedler im neugegründeten Kansas-Territorium. Anlässlich des Independence-Day, am 04. Juli 1854 gab Isaac daraufhin ein großes Fest auf seiner Farm, zu dem auch der Pfarrer und Missionar Joel Glover und der Betreiber des Handelspostens für die Kickapoo, Delaware und Cherokee-Indianer, M. Pierce Rive (auch: Rively genannt), sowie auch ihre friedlichen indianischen Nachbarn eingeladen worden waren. Es wurde gegrillt und Bisonfleisch gegessen. Die Indianer tanzten, lieferten sich Pferderennen und spielten Spiele, während die Weißen patriotische Reden hielten.

Nach der offiziellen Gründung des Kansas-Territoriums rückten bald darauf von Missouri her viele Pro-Sklavereianhänger nach Kansas vor und trafen sich dabei auch in Rives Handelsposten, wo sie Reden hielten, die darauf abzielten, aus Kansas einen Sklavenstaat machen zu wollen. Abolitionisten aus dem nördlichen Illinois zogen daraufhin ebenfalls nach Kansas, um dort die Sklaverei notfalls mit Waffengewalt zu unterbinden. Gesetzlosigkeit machte sich mehr und mehr breit in dem Territorium und es begannen sich auf beiden Seiten Guerilleinheiten zu bilden, die für oder gegen die Sklaverei zu kämpfen begannen. Angesichts dieser starren Fronten auf beiden Seiten, meinte dann auch der zweite Gouverneur des Territoriums, Wilson Shannon (1802-1877) resignierend:

„(...) das man ebenso gut versuchen könnte, die Hölle zu regieren!"

Isaac Cody seinerseits gehörte weder zu den Abolitionisten, noch zu den Sklavenbefürwortern, sondern schloss sich den Free-Soilern an, wobei er bemüht gewesen war, sein Land in Frieden zu bewirtschaften, um hier in Kansas finanziellen Erfolg zu haben. Demzufolge hielt er sich neutral zu beiden Seiten, zumal am 10. Mai 1855 auch das achte Kind der Familie geboren wurde, das den Namen Charles „Charlie" Whitney bekam. Allerdings war es zu jener Zeit schwierig, wenn nicht gar unmöglich gewesen, sich in dem Territorium wirklich neutral verhalten zu wollen. Im Sommer 1855 jedenfalls, als er wie gewöhnlich zusammen mit William und Turk an Rives Handelsposten vorbeikam, der zu jener Zeit ein beliebter Anlaufposten für die Gegner und Befürworter der Sklaverei gewesen war, wurde Isaac Cody von einer dort versammelten Menge aufgefordert, sich nun ebenfalls einmal zur Sklavenfrage zu äußern. Obwohl er als guter Redner bekannt gewesen war, sträubte sich Isaac zunächst, wurde jedoch von einigen Männern zu einer Schnittwarenkiste gedrängt, die als Rednertribüne diente. In seiner anschließenden Ansprache, die äußerst kühn und deutlich gewesen war, sprach er sich gegen die Sklaverei aus und betonte, dass er sich auch zukünftig mit aller Kraft dafür einsetzen würde, dass diese sich auf dem Boden von Kansas nicht auch noch weiter ausbreiten würde. Die Menge schwieg zunächst wie paralysiert auf diese Worte hin, doch dann brach ein Sturm los und einige erboste Zuhörer zerrten ihn von der Bühne. Einer von Elijas Angestellten, ein Mann namens Charles Dunn zog dabei ein Bowie-Messer und stach es Isaac in die Brust. In der nachfolgenden Version dieser Geschichte wurde er sofort in Rives Laden gebracht, wo seine Wunde von dem Nachbarn Dr. Hathaway notdürftig behandelt wurde. Seine Frau wurde informiert und als sie mit einem Wagen nebst Fahrer bei dem Laden angekommen war, wurde Isaac auf die Ladefläche gelegt und zu seinem Bruder Elijah gefahren, in dessen Haus er sich drei Wochen lang aufhielt, um seine Verwundung auszuheilen. Er war in die Lunge gestochen worden und er erholte sich nur langsam von dieser Verletzung, bevor er sein normales Leben schließlich wieder aufnehmen konnte. In einer anderen Version dieser Tat, die von Buffalo Bill selber stammte und die er in seiner späteren Autobiografie veröffentlichen sollte, hielt er fest, dass:

„(...) *sein Vater das erste Blut für die Sache der Freiheit in Kansas vergossen hätte!"*

und dass er Dunn nach der Tat angeschrien hatte:

„*Du hast meinen Vater umgebracht. Wenn ich ein Mann bin, dann werde ich dich töten!"*

Anschließend trugen er und Hathaway seinen Vater in ein Versteck ins hohe Gras und erst als der Abend angebrochen war, trug William seinen blutenden Vater nach Hause. Allerdings äußerte sich seine Schwester Julia später, dass sich William zum Tatzeitpunkt zu Hause auf der Farm aufgehalten hätte.

Nach diesem Mordanschlag glaubten die Sklavereianhänger eine Zeitlang auch tatsächlich, dass Isaac Cody gestorben wäre, dann jedoch erfuhren sie, das er den Anschlag überlebt hatte und sie begannen ihn zu suchen, um ihn dann endgültig zu töten. Zunächst versteckte die Familie ihn im Kornfeld nahe der Farm, sobald sich fremde Reiter näherten, doch ewig konnte dieses Versteckspiel natürlich so nicht weitergehen und Isaac wurde ins rund vier Meilen entfernte Fort Leavenworth gebracht. Von dort aus ging er aber schon bald in das 20 Meilen stromaufwärts entfernte Doniphan, einem Landungsplatz für Flussdampfer, wo er erstmalig mit einer rund 300 Mann starken Abteilung Soldaten aus Indiana unter dem Oberst James *„Jim"* Lane zusammentraf, der sich auf dem Weg nach Kansas gemacht hatte, um die Abolitionisten dort militärisch zu unterstützen.

Trotz der Anfeindungen blieb Isaac seinen Glaubensgrundsätzen und auch dem Territorium treu. Er kurierte seine Verwundung nach und nach aus, allerdings immer wieder mal unterbrochen von Sklavereianhängern, die die Farm der Codys sporadisch aufsuchten, um seiner Person habhaft zu werden. Um seine Familie zu schützen, wandte er sich schließlich zu den Grasshopper Falls und errichtete dort eine Sägemühle, während er von Zeit zu Zeit und nur im Schutze der Dunkelheit seine Familie im Salt Lake Tal aufsuchte. Irgendwann jedoch bekamen die Kickapoo-Rangers, eine Guerillatruppe der Sklavereianhänger Kenntnis von seinem Aufenthaltsort und sie beschlossen, ihm beim Big Stranger Creek in einen Hinterhalt zu locken und zu töten. Der Nachbar Hathaway machte sich daraufhin auf dem Weg, um Codys Frau diese unheilvolle Information zukommen zu lassen. William lag um diese Zeit herum mit hohem Fieber im Bett, dennoch bestieg er Prince und ritt die Strecke von 48 Kilometer nach Grasshopper Falls, um seinen Vater dort zu warnen. Beim Big Stranger Creek traf er dann auch tatsächlich auf das Lager der Ranger und einer der Männer rief:

„Das ist der Sohn des alten Abolitionisten, haltet ihn auf!"

Sie befahlen William anzuhalten und gaben dabei auch einen Warnschuss ab, doch William gab Prince die Sporen und lieferte sich im Kugelregen ein Rennen mit seinen Verfolgern. Als Regen einsetzte und der Boden schlammig wurde, gelang es ihm, seine Verfolger abzuschütteln und seinen Vater bei Grasshopper Falls zu erreichen und zu warnen. Gerade noch rechtzeitig, denn der hatte gerade sein Pferd gesattelt, um zur heimischen Farm zu reiten. Durch das Fieber und von dem heldenhaften Ritt geschwächt, sackte William erschöpft zusammen und Isaac brachte ihn und sich nach Topeka, wo sich der Junge erholen konnte. Auch Grasshopper Falls war danach kein sicherer Ort mehr gewesen und Isaac blieb bis zu seinem Tode weiterhin ein gejagter Mann.

Der erste Gouverneur von Kansas, Andrew Horatio Reeder (1807-64), hatte im Oktober 1854 sein Amt angetreten und er setzte die erste Wahl, wo sich die Siedler für oder gegen die Sklaverei entscheiden konnten, auf dem 30. März 1855 fest. Von Missouri her rückten daraufhin bewaffnete Border Ruffians nach Kansas vor und setzten dort die Richter und Wähler mit Waffengewalt unter Druck, beim anstehenden Urnengang das „Kreuz an die richtige Stelle zu setzen." Wie zu erwarten, gewannen die Sklavereianhänger die Wahl und wenig später beschloss die Legislative, die Verfassung Missouris eins zu eins auf das Kansas-Territorium zu übertragen, derweil Gouverneur Reeder wegen seiner Haltung, aus Kansas keinen Sklavenstaat machen zu wollen, von US-Präsident Franklin Pierce aus seinem Amt gefeuert wurde. Er blieb damit kein Einzelfall, denn von 1854 bis 1860 hatte Kansas nicht weniger als sechs Gouverneure aufzuweisen gehabt.

Die Abolitionisten wollten diesen herbeigeführten Wahlbetrug so keinesfalls auf sich sitzen lassen und so begann James Henry „*The Grim Chieftain of Kansas*" Lane (1814-1866), die Gruppen kampfeswilliger Abolitionisten unter seine Fittiche zu nehmen, während die politischen Köpfe im Oktober 1855, die sogenannte Topeka-Verfassung verabschiedeten, deren vorrangiges Ziel es war, die Sklaverei in dem Land wieder abzuschaffen. Am 02. Dezember 1855 standen an die 1.500 bis an die Zähne bewaffnete Border Ruffians vor Lawrence, doch bevor es zu einem offenen Angriff auf die Stadt kam, handelten beide Seiten einen Waffenstillstand aus. Knapp ein halbes Jahr später, am 21. Mai 1856, wurde Lawrence dann tatsächlich angegriffen und geplündert, woraufhin sich der fanatische und wahrscheinlich geisteskranke John Brown (1800-1859) genötigt sah, mit drei seiner Söhne und drei weiteren Helfern, fünf unschuldige Siedler am Potawatomi Creek zu ermorden. Diese wahnsinnige Bluttat wurde von der Presse des Nordens zwar als eine gerechte Sache gefeiert und John Brown als Held glorifiziert („*John Browns Body*"), doch verglichen mit der ohne Blutvergießen abgegangenen Plünderung von Lawrence, wirkte Browns Massaker als Fanal und Aufruf zu weiteren Gewalttaten, die das Territorium den Sommer 1856 über in Atem hielten und in dessen Bürgerkriegswirren auch der junge William Cody immer mehr und mehr hineingezogen wurde. Erst als Recht und Gesetz sich allmählich in dem Territorium durchzusetzen begannen beruhigte sich die Lage in Kansas ein wenig.

Am 10. März 1857 starb Isaac Cody, an den Spätfolgen seiner Stichverletzung, verbunden mit einer Lungenentzündung, die er sich zu dieser Zeit eingehandelt hatte. Er wurde auf dem Pilot Knob Friedhof oberhalb von Leavenworth beigesetzt, als ein von seiner Familie geliebter und verehrter Ehemann und Vater, der mittlerweile selbst von einigen seiner ehemaligen Feinde geachtet wurde da er sich stets ehrlich und fair für seine Prinzipien eingesetzt hatte.
William war nun im zarten Alter von elf Jahren gewesen. Er besaß auffällig große braune Augen, blonde Haare und ein gutaussehendes Gesicht. Er versorgte die Familie nach dem Tode seines Vaters, da diese mittlerweile in arge finanzielle Schwierigkeiten geraten war, denn Codys Bruder, der selber zu den Sklavereibefürwortern gehörte, verlangte plötzlich die Summe von 1.000 Dollar für Hausrat und verkaufte Lebensmittel, die ihm sein Bruder von früher her noch angeblich schuldig geblieben war. Mary Ann wusste, das dieses nicht der Wahrheit entsprach, doch hatte es Isaac zu seinen Lebzeiten stets versäumt, sich eine Quittung für die Rückzahlung der

Summe geben zu lassen. Sie meinte, dass, wenn sie Bargeld hätte, sie gegen diese Forderung ankämpfen würde, woraufhin William meinte, dass sie ruhig kämpfen solle, während er das Geld herbeischaffen würde. Er hatte erfahren, dass das Frachtunternehmen *„Russell, Majors & Waddell"* einen Botenjungen suchte und er überredete seine Mutter, zusammen mit ihm nach Leavenworth zu gehen, dem Firmensitz des Unternehmens. Tatsächlich wurde William trotz seines jungen Alters angestellt und bereits am übernächsten Tag schloss er sich einen Zug von 35 von Ochsen gezogenen Planwagen an, der hinauf nach Fort Kearny fahren sollte. Williams Aufgabe bestand darin, längs des Zuges auf und ab zu reiten, um den Männern Nachrichten und Befehle zu übermitteln. Schnell wurde der „Expressjunge" dabei zum Liebling der Fahrer und Cowboys, wobei letztere die mitgeführten Rinder trieben. 20 Meilen westlich von Fort Kearny wurden die Weißen dann jedoch von Indianern angegriffen. Die Männer schlugen den Angriff zurück und kämpften sich zu einem Nebenflüsschen des Platte River durch. Unter Zurücklassung der Wagen und des Viehs zogen sich die Männer im flachen Wasser in Richtung des Forts hin zurück. William, der dabei ermüdet von dem Kampf mehr und mehr zurückfiel, entdeckte dabei plötzlich einen Häuptling und als der seinen Bogen spannte, erschoss er ihn im hellen Schein des Mondes. Die

Männer mussten daraufhin einen weiteren Angriff der wütenden Indianer abwehren, doch dann im Morgengrauen war das rettende Fort Kearny erreicht worden, gleichwohl der Wagenzug und die Ochsen verlustig gegangen waren. William wurde nach seiner Rückkehr wie ein Held gefeiert und auch die Gerichtsverhandlung in Bezug auf die angebliche Forderung von Elija Cody ging glücklich für die Familie aus, denn ein Zeuge konnte in allerletzter Minute bestätigen, dass Isaac seinerzeit alle Schulden bei seinem Bruder beglichen hatte.

1857 war dann auch das Jahr, wo William erstmalig mit seinem späteren Freund und Weggefährten James Butler „*Wild Bill*" Hickok (1837-1876) in Highland, Kansas zusammentraf, wobei sich die Wege der beiden Männer in den kommenden Jahren immer wieder mal kreuzen sollten.

Der kleine William Frederick, bevor er ein ganz Großer wurde.

Das Familienhaus der Codys im Salt Lake Valley

William im jugendlichen Alter und als junger
Mann. Ca. 1857 bzw. 1862)

Aufbruch in den Westen

William Codys weiterer Lebensweg sollte ihn in das Territorium Utah führen, wo es mittlerweile zu gewalttätigen Konflikten mit der Glaubensgemeinschaft der Mormonen gekommen war.

Am 06. April 1830 gründete der am 23. Dezember 1805 in Sharon, Vermont geborene Joseph Smith zusammen mit fünf Freunden in Fayette, New York die „Kirche Jesu Christi", deren Name im Jahr 1838 um den Zusatz „der Heiligen der letzten Tage" erweitert wurde. Die Kirche breitete sich schon bald in Ohio, Missouri und Illinois aus, doch aufgrund der fremdartigen Lehren sowie Praktiken, darunter auch die Polygamie, wurde die Gemeinschaft von dem kirchlich geprägten Umfeld schon bald nicht mehr akzeptiert und angefeindet, was am Ende dazu führte, dass Joseph Smith und sein Bruder Hyrum am 17. Juni 1844 von einem Mob in Carthage, Illinois erschossen wurden, als dieser das Gefängnis gestürmt hatte, in dem die beiden Männer um die Zeit herum inhaftiert gewesen waren. Aus den Bemühungen heraus, einen geeigneten Nachfolger für die Glaubenssekte zu finden, ging schließlich Brigham Young (1801-1877) hervor, der um 1845 herum den Auszug der Mormonen aus Illinois nach dem Westen hin organisierte, um dort eine neue Heimat zu finden, in der sie von ihren Gegnern nicht mehr verfolgt würden. Rund 15.000 Mormonen erreichten ab dem Juli 1847 nacheinander den Großen Salzsee in Utah und in einer großen Pionierleistung wurde die Wüste dort in eine Kulturlandschaft mit Salt Lake City als die neue Hauptstadt verwandelt, was den Mormonen landesweit eine hohe Anerkennung eintrug. Als jedoch 1856 der US-Präsident James Buchanan (1791-1868) die Polygamie bei den Mormonen abschaffen wollte, um Utah dem Staatenbund der USA einverleiben zu können, kam es zu Schwierigkeiten, zumal Buchanan von Gerüchten hörte, dass Brigham Young und seine Mormonen sich von den USA abspalten und einen eigenen Staat gründen wollten. Daher beschloss er, Young als Gouverneur des Utah-Territoriums abzusetzen und ihn durch Alfred Cumming, einem Nichtmormonen aus Georgia zu ersetzen. Als Young seinerseits erfahren hatte, dass sich US-Truppen auf dem Weg nach Utah hin in Bewegung gesetzt hatten, rief er das Kriegsrecht aus, wobei er die Ansicht vertrat, dass die Aktion des Präsidenten ein Akt der despotischen Willkür wäre, die der Verfassung der USA widerspreche und daher einen bewaffneten Widerstand rechtfertigen würde. Er gab daher den Befehl der „verbrannten Erde" aus, d. h., dass Salt Lake City u. a. Ortschaften nötigenfalls zerstört werden sollten, um den anrückenden Soldaten so weder Unterkunft noch Verpflegung bieten zu können. Am 11.

September 1857 töteten Mormonen gemeinsam mit Indianern bei Mountain Meadows im südlichen Utah einen Wagenzug von Aussiedlern aus Arkansas und ermordeten dabei zwischen 120 und 150 Aussiedler, lediglich 17 Kleinkinder wurden verschont; sie wurden später unter mormonischen Familien verteilt.

Die US-Truppen selber standen unter dem Kommando von Albert Sidney Johnston (1803-1862), dem späteren General der Konföderierten Staaten, der in der Bürgerkriegsschlacht von Shiloh, Tennessee sein Leben verlieren sollte. Den Transport der Verpflegungsmittel für die Truppe wurde *Russell, Majors & Waddell* übertragen und auch William Cody begleitete diesen Transportzug, wiederum als Expressbote, wobei er unter dem direkten Befehl von Lew Simpson stand. Da man Angriffe sowohl der Indianer als auch der Mormonen zu befürchten hatte, war der Lohn von 40 Dollar monatlich dementsprechend hoch angesetzt und das war zu jener Zeit eine Menge Geld für einen elfjährigen Burschen gewesen. Nach der Hälfte der Wegstrecke wurde Fort Bridger ohne Zwischenfall erreicht, doch dann, als man die Ausläufer der Rocky Mountains am Green River erreicht hatte, wurde der Wagenzug von Mormonen angegriffen, die bereits für das Massaker von Mountain Meadows verantwortlich gezeichnet hatten. Den Fuhrleuten wurde diesmal jedoch das Leben geschenkt, aber die Wagen wurden geplündert und anschließend in

Brand gesteckt, während das Vieh weggetrieben wurde. Russells Männern wurden einige Lebensmittel überlassen, bevor sie sich demoralisiert auf den Rückweg nach Fort Bridger aufmachten. Dort angelangt, erfuhren sie auch, dass noch zwei weitere Frachtwagenzüge überfallen und geplündert worden waren, sodass nunmehr über 400 Fuhrleute den Winter über in Fort Bridger verbringen und auf den nächsten Frühling des Jahre 1858 warten mussten.

Als der Schnee geschmolzen war, machten sich die Fuhrleute auf dem Rückweg nach Fort Laramie, wobei William abermals als Expressjunge zwischen zwei, 20 Meilen voneinander entfernten, Wagenkolonnen agierte. Eines Tages machte er sich zusammen mit Lew Simpson und eines weiteren Mann namens George Woods auf dem Weg, um die Verbindung mit dem ersten Wagenzug wieder herzustellen. Dabei wurden sie nach ca. fünf Meilen von einem Trupp Sioux angegriffen. Eine Flucht auf den langsamen Mauleseln war schlichtweg unmöglich gewesen und so erschossen die drei ihre Tiere und suchten hinter ihnen in der Prärie Deckung, um dort bis zum Tode gegen die Krieger zu kämpfen. Bei dem ersten Angriff nahmen sie den Häuptling aufs Korn, der getroffen von seinem Pferd fiel. Kaltblütig zog sich Woods nach dem ersten Gefecht einen Pfeil aus der Schulter und nachdem der zweite Angriff der Krieger beendet gewesen war, stellte William humorvoll fest, dass die Maulesel wie das Stecknadelkissen seiner Mutter aussahen. Als Nächstes steckten die Sioux das Präriegras in Brand, doch die Barrikade der toten Maulesel hielt die Flammen am Ende zurück, während weitere Krieger erschossen wurden, die sich im Schutze des Rauches zu den Weißen anschleichen wollten. Danach gab es ein großes Abwarten auf beiden Seiten. Die Krieger blieben nunmehr außer Schussweite zurück und belagerten die Weißen. Es wurde Nacht und als es Mittag wurde, traf endlich der zurückgebliebene zweite Wagenzug bei den Verteidigern ein und die Sioux machten sich, als sie das Knallen der Ochsenpeitschen hörten, eiligst davon. Codys Erzählung nach, war Lew Simpson während seiner Nachtwache eingeschlafen, während er, William, im Traum Turk hatte bellen hören, sodass er aufwachte und die beiden anderen Männer weckte, die beinahe von den sich heranschleichenden Kriegern überrascht worden wären. Auch hier schien sich Turk wieder einmal als Lebensretter, wenn auch körperlich abwesend, erwiesen zu haben. Wieder wurde William als Held gefeiert, doch als er sich noch auf dem Heimweg befand, starb seine Schwester Martha Crane im November 1858 bei Valley Falls, Jefferson County, Kansas. Sie war zwischenzeitlich mit einem Mann namens C (…)? verheiratet gewesen, der sie jedoch schlecht behandelt und vernachlässigt hatte, wobei er u. a. auch fremdgegangen war. William hatte seine Schwester seinerzeit gewarnt, diesen Mann zu heiraten und sein Misstrauen hatte sich am Ende voll und ganz bestätigt. Martha lag mit Fieber im Bett und soll, kurz vor ihrem Tode gerufen haben:

„Sagt Mutter, Will ist gerettet, er ist gerettet!",

bevor sie ins Kissen zurücksank und verstarb. William erreichte die elterliche Farm just zu der Zeit, als man den Leichnam von Martha über die Türschwelle brachte. Nachdem man sie neben ihren Vater beerdigt hatte, wandte sich William ihrem Ehemann zu und meinte wütend zu ihm:

„Mörder! Eines Tages wirst du für diese Tat hier Rechenschaft ablegen müssen!"

In der Zeit danach, ging William im Tal zu Schule, jedoch nicht für lange, denn es kam eines Tages zu einer Prügelei mit dem 19-jährigen Steve Gobel, einem Großmaul und Aufschneider, mit dem William schon des Öfteren aneinandergeraten war. Da dieser ihm körperlich überlegen gewesen war, nahm William sein Messer und stach Gobel die Klinge bei der Rangelei in den Oberschenkel, jedoch an eine Stelle, die nicht sonderlich lebensgefährlich für ihn gewesen war. Die Folgen waren dafür um so größer gewesen, denn er wurde, zum Leidwesen seiner Mutter, genau wie auch Gobel, vom Schuldienst ausgeschlossen. Mithilfe eines Fahrers von *Russell, Majors & Waddell* namens John Willis, machte sich William erst einmal aus dem Staub und erst am Abend kehrte er nach Hause zurück. Da Gobel und ein Gerichtsdiener hinter ihm her waren, beschloss William, sich dem nächsten Frachtwagenzug, eben unter John Willis, anzuschließen, bei dem er die nächsten zwei Monate seines Lebens zubringen sollte. Seine Mutter errichtete während dieser Zeit ein Gasthaus, welches sie auf den Namen „*Zum Waldhaus*" taufte und in dem die hungrigen Fuhrleute einkehrten, um etwas zu essen und zu trinken. Es wurde ein großer Erfolg für sie.

Im Winter schloss sich William einer Gruppe Pelztierjäger an, wobei es zu einem weiteren Gefecht mit drei Indianern kam, wovon er einen tötete und einen anderen verwundete. Er selber erhielt einen Pfeilschuss in den Arm und damit auch seine erste Verwundung überhaupt. Danach brachen die Trapper eiligst ihrer Zelte ab und zogen hinüber nach Fort Laramie, wo William durch den Verkauf der Felle abermals ein hübsches Sümmchen verdient hatte. In Laramie schloss er sich zwei anderen Männern an, die genau wie er ebenfalls nach Kansas ziehen wollten. Auf dem Weg dorthin kam es am Blue River abermals zu einem Scharmützel mit einigen Sioux-

Kriegern, doch die drei entkamen im Schutze eines Schneesturmes nach Marysville, Kansas. Der Rest des Weges verlief dann jedoch ohne Komplikationen.
Im März 1859 starb Turk, der von einem tollwütigen Hund gebissen worden war und daher, als die Krankheit auch bei ihm ausbrach, von dem Knecht der Familie erschossen wurde. William selber hatte sich geweigert seinen treuen Freund zu erschießen. Er war ein enger Teil der Familie gewesen und bekam daher ein christliches Begräbnis auf dem Cody-Hügel.
Im Winter besuchte William, unter einem neuen Lehrer, abermals die Schule, doch als der Frühling herangebrochen war, begleitete er schon wieder eine Gruppe Goldsucher auf ihrem Weg nach Pikes Peak in Colorado. Dort jedoch sollte William nie ankommen, denn in dem von Jules Bene gegründeten Ort Julesburg traf er auf den obersten Wagenmeister George Chrisman, der mittlerweile in Julesburg lebte und unter dessen Führung William einige Frachtwagenzüge begleitet hatte. Inzwischen war Chrisman der Direktor eines neuen Unternehmens geworden, welches letztendlich von William Russell und dem Senator von Kalifornien ins Leben gerufen worden war, wenngleich Russells Teilhaber Alexander Majors (1814-1900) und William Bradford Waddell (1807-1872) dieses Unternehmen für ein zu großes finanzielles Risiko gehalten hatten - der Pony-Express.

Der von William Hephurn Russell (1812-1872) entgegen aller Widerstände ins Leben gerufene Pony-Express wurde am 03. April 1860 offiziell in Dienst gestellt und Ziel dieses Unternehmens war es, Briefpost binnen von zehn Tagen zu Pferd von St. Joseph, Missouri bis nach Sacramento in Kalifornien und umgekehrt die dortige Post in der gleichen Zeit nach St. Joseph zu transportieren. Die Entfernung, die es dabei zu überwinden galt, war gewaltig. Ca. 3.100 Kilometer weit führte die Strecke durch zerklüftete Gebirge, endlose Prärien und glutheiße Wüsten. Die Route begann in St. Joseph und verlief über Marysville, Kansas bis hinauf nach Fort Kearny in Nebraska. Von da aus verlief sie über Julesburg, Colorado weiter nach Fort Laramie. Von dort aus folgte sie dem Sweetwater Creek bis nach Fort Casper und Fort Bridger, Wyoming. Dem alten Mormonen-Trail über den South Pass folgend, erreichte die Route dann Salt Lake City in Utah. Danach verlief sie durch die Sierra Nevada hindurch nach Carson City, um schließlich in Sacramento, Kalifornien zu enden. Von dort aus wurde die Post mit einem Dampfschiff weiter nach San Francisco gebracht. Stand ein solches gerade nicht zur Verfügung, so brachten die Express-Reiter die Post zu Pferde auch noch weiter, bis nach Oakland.
Waisen, jung, dünn und drahtig und nicht schwerer als 60 Kilo, die bereit waren, täglich ihr Leben zu ris-

kieren, wurden als Expressreiter bevorzugt. Sie erhielten einen Lohn von 120 bis 150 Dollar im Monat, was jedoch angesichts der Arbeit und Gefahren eine gerechtfertigte Summe gewesen war. Dafür mussten sie im Durchschnitt auch eine Strecke von bis zu 300 Kilometer am Tag reiten. Der Pony-Express umfasste 153 Wechselstationen, wo ca. alle 20 bis 25 Kilometer das müde gerittene Pferd gewechselt wurde. Dazu kamen 80 Kuriere, 500 Pferde sowie rund 200 Pferdepfleger. Um Gewicht zu sparen, mussten Briefe auf dünnem Papier geschrieben werden, wobei ein Brief von ca. 16 Gramm Gewicht für fünf Dollar befördert wurde. 100 solcher Briefe ergaben ein Päckchen von der Größe eines Notizbuches. Als Postsäcke dienten wasserdichte, lederne Beutel mit einem Höchstgewicht von 10 Kilo, die verschlossen und versiegelt am Sattel befestigt waren. Sie durften während des Transportes nicht geöffnet werden. Die durchschnittliche Transportzeit für eine Strecke von Missouri nach Kalifornien und umgekehrt betrug dabei neun Tage. Eine letzte von US-Präsident James Buchanan im Dezember 1860 abgesandte Botschaft war dabei acht Tage und einige Stunden unterwegs gewesen, die Amtsantrittsrede von Präsident Abraham Lincoln, im März 1861, brauchte sogar nur sieben Tage und 17 Stunden bis sie in Kalifornien publik wurde. Russells Unternehmen hätte sogar ein finanzieller Erfolg werden können, wenn nicht am 24. Oktober 1861 das letzte Teilstück der transkontinentalen Telegrafenlinie zwischen Carson City, Nevada und Omaha, Nebraska fertiggestellt worden wäre und damit gleichzeitig den Pony-Express zu einem überflüssigen Unternehmen werden ließ. Somit sollten Majors und Waddell am Ende mit ihrer Einschätzung recht behalten.

Jetzt, am 03. April, nahm Russell die mit einem Zug aus New York angekommene Post in St. Joseph in Empfang und schnallte persönlich den Briefbeutel an das Pferd, welches den ersten Ritt absolvieren sollte, während einige Zuschauer dem Tier, als historisches Andenken an dieses Ereignis, einige Schwanzhaare ausrissen. William war von Beginn an beim Pony-Express dabei und absolvierte ohne Probleme seinen ersten Ritt für den Express, wobei er die 15 Meilen in einer Stunde zurücklegte. Nach drei Monaten jedoch kam es zu einem Ereignis, bei dem er auf einem seiner Ritte von einem Wegelagerer überfallen wurde, der mit vorgehaltener Pistole die Posttasche verlangte, worin sich zudem auch noch eine größere Summe an Bargeld befunden hatte. William ging zum Schein auf die Forderung des Räubers ein, doch als der neben ihm stand, gab er seinem Pferd die Sporen und der Mann wurde unsanft beiseite geschleudert und erhielt darüber hinaus auch noch noch einen Huftritt gegen den Kopf, der ihn am Ende außer Gefecht setzte. William fesselte ihn, verband seine Wunde, band ihn auf dessen eigenes Pferd und brachte seinen

Gefangenen zur nächsten Station, wo er dem lachenden Chrisman seine „Trophäe" als für sich selbst sprechenden Beweis für seine unverschuldete Verspätung präsentierte. Cody nahm während seiner Zeit als Expressreiter für sich in Anspruch, mit 384 Meilen den längsten Ritt in einem Stück zurückgelegt zu haben, doch dafür gibt es keinerlei Belege. Der längste Ritt des Expressreiters Robert „Bob" Haslam von 380 Meilen, galt nachweisbar als offizieller Rekord in den Annalen des Pony-Express.

Julia Codys Nachricht über eine Erkrankung seiner Mutter, veranlasste William schließlich dazu, den Pony-Express wieder zu verlassen, doch als er zuhause ankam, war sie bereits wieder auf dem Wege der Genesung. Somit verbrachte er die nächsten drei Wochen friedlich daheim, doch dann im November 1860 schloss er sich mit einem Mann namens David Phillips zusammen, um mit ihm auf die Pelztierjagd zu gehen. Sie kauften ein Ochsengespann und einen Wagen und machten sich auf dem Weg hin zum Republican River, der reich an Bibern gewesen war, sodass die beiden beschlossen den Winter dort zu verbringen. Statt von wilden Indianern, wurden sie diesmal jedoch von einer Bärin angegriffen, die es auf die beiden Zugochsen abgesehen hatte. Phillips schoss auf das Tier, konnte die Bärin jedoch lediglich mit seiner Kugel verwunden, was diese nur noch wütender machte. Als er auf dem eisigen Boden ausrutschte

und die Bärin sich über ihm aufbaute, behielt William die Nerven und schoss dem Tier mit einem Gewehr eine Kugel durch den geöffneten Rachen direkt ins Gehirn, die das Tier sofort tötete. Anschließend zog er der Bärin sprichwörtlich das Fell über die Ohren. Allerdings konnte sich Phillips schon bald bei William revanchieren, denn der brach sich in der Wildnis ein Bein und Phillips beschloss schließlich Hilfe bei der nächsten Ansiedlung zu holen. Er musste William allerdings alleine in ihrer mit Brettern ausgebauten Höhle zurücklassen, versorgte ihn aber mit allem möglichen Dingen, wie Wasser, Nahrungsmittel und Brennholz, bevor er sich alleine auf dem Weg machte. Irgendwann nach zwei Wochen des Wartens, war William über dem Lesen eines Buches eingeschlafen und als er an der Schulter wachgerüttelt wurde, erkannte er statt Phillips, einen Indianer und kurze Zeit später war die ganze Höhle voll von ihnen gewesen, darunter auch der Sioux-Häuptling Rain in the Face, dem William einst, wann und wo auch immer, selber einmal hatte Hilfe angedeihen lassen. Auch Rain in the Face erkannte William wieder und er beschloss, ihn an diesem Tage nicht zu skalpieren, wenngleich die Indianer die Höhle anschließend durchsuchten und komplett leerräumten.
Nach 29 Tagen der Ungewissheit und der zunehmenden Hoffnungslosigkeit, da so gut wie alles Brennholz und sämtliche Lebensmittel aufgebraucht wor-

den waren, traf Phillips dann doch noch bei der Höhle ein und rettete dem jungen Cody somit am Ende das Leben.

Der Bürgerkrieg

Am 12. April 1861 brach der amerikanische Bürgerkrieg zwischen der Union und den Konföderierten Staaten von Amerika aus, als die Konföderierten unter Pierre Gustave Toutant-Beauregard (1818-1893) um 04.30 Uhr das im Hafen von Charleston, South Carolina gelegene Fort Sumter unter Beschuss nahmen. So begann ein blutiger Bruderkrieg von dem beide Seiten sicher zu wissen glaubten, dass er binnen kürzester Zeit beendet sein würde. Ein großer Trugschluss, wie wir heute wissen. Die Niederlagen der ersten Kriegsmonate mussten zunächst Lincolns „Blaue" einstecken. Im Juli 1861 versiebte der Unionsgeneral Irvin McDowell (1818-1885) die erste Schlacht von Manassas oder Bull Run Creek vor den Toren Washingtons, die erst den Auftakt einer Reihe von Niederlagen gegen die Konföderierten bilden sollte. Im April 1862 kämpften beide Seiten in der Schlacht bei Shiloh, Tennessee, die, was die Verluste an Menschenleben anbetraf, die gesamte Nation schockierte.

Im Sommer 1862 hatte der Unionsgeneral George Brinton McClellan (1826-1885) zusammen mit seiner

"Army of Potomac" in Virginia eine großangelegte Offensive gestartet und stand bald darauf vor den Toren Richmonds, der Hauptstadt der Konföderierten. Ihm gegenüber stand ein äußerst fähiger Offizier namens Robert Edward Lee (1807-1870), der nach Ausbruch des Krieges seinen Abschied aus der Unionsarmee genommen hatte, weil er nicht gegen seinen Heimatstaat Virginia kämpfen wollte. Allerdings wollte er auch nicht, dass McClellan mit „blankgeputzten Stiefeln" in Richmond einmarschierte und in einer Reihe von Einzelgefechten, die als „Seven Days" in die Geschichte eingingen, jagte er „Little Mac" wieder nach Washington zurück, was Präsident Lincoln (1809-1865) dazu veranlasste, seinen zögerlichen General durch John Pope (1822-1892) zu ersetzen, wobei er resignierend meinte:

„Diesem Mann (McClellan) Verstärkungen zu schicken, ist wie Fliegen durchs Zimmer zu schaufeln!"

Auch der junge William wollte zu den Waffen greifen, um sich endlich einmal an den Sklavereibefürwortern zu rächen, die seinen Vater auf dem Gewissen gehabt hatten, doch seine Mutter war strikt dagegen gewesen und verbot es ihm, sich zur Armee zu melden, solange sie noch am Leben war und William fügte sich schließlich ihrem Wunsch. Ihr Haus wurde derweil zu einem Versteck und Zwischenstation der sogenannten „Underground-Railroad", mit deren Hilfe man entlaufene Sklaven aus den Südstaaten über geheime Wege und Pfade bis hinauf in die Nordstaaten und darüber hinaus bis nach Kanada schleuste. Da William nicht zur Armee gehen durfte, schloss er sich einem Proviantzug hinauf nach Fort Laramie an und rettete auf dem Weg dorthin dem Kind einer Auswandererfamile das Leben, indem er einen Bison erschoss, der das Mädchen über den Haufen rennen wollte. Nachdem der Zug Laramie sicher erreicht hatte, begab er sich weiter zur Horseshoe Station bei Fort Laramie, um dort bei dem Stationsleiter Joseph Alfred *„Jack"* Slade (1824-1864) um eine Arbeit als Expressreiter nachzufragen, wobei er ein Empfehlungsschreiben von William H. Russell vorweisen konnte. Slade stellte ihn ein, blieb jedoch skeptisch angesichts seines Alters. Williams erster Ritt führte ihn 76 Meilen weit von Red Buttes am North Platte River bis hin nach Three Crossing am Sweetwater River. Bei einem seiner nächsten Ritte traf er auf den Kundschafter Moses „California Joe" Milner (1829-1876), der ihn warnte, dass er von zwei Straßenräubern überfallen werden sollte, wobei er ihn aber auch gleich wieder beruhigte und meinte, dass er sich bereits um die Räuber gekümmert, sprich sie erschossen hätte. William bedankte sich höflich dafür und drei Monate später trafen die beiden Männer abermals zusammen. Slade fand schnell Gefallen an William und angesichts seines jungen Alters, beschloss er, ihn nur noch bei Ritten einzusetzen, wenn andere Fahrer ausgefallen waren. Später schloss sich William dem von „*Wild Bill*" Hickok geführten Frachtwagenzug nach Rolla, Missouri an, danach wandte er sich nach Springfield, besuchte kurz die Familie daheim und fuhr danach weiterhin Frachtwagenzüge für die Armee durchs Land.

Im Herbst 1863 war William abermals zu Hause angelangt. Mittlerweile hatte Julia Cody im Frühjahr einen Mann namens J. A. Goodman geheiratet, während seine Mutter nun tatsächlich sehr schwer erkrankt gewesen war. Sie starb in Williams Armen und wurde am 22. November neben ihrem Ehemann auf dem Pilot Knob Friedhof beigesetzt. Nun, da seine Mutter nicht mehr lebte, wandte sich William sofort nach der Beerdigung zur Armee und zog die blaue Uniform der Nordstaaten an. Er wurde von Fort Leavenworth aus mit Depeschen nach Fort Larned geschickt und wurde dabei unterwegs von fünf Männern angegriffen, wovon er einen niederschoss, der später auf dem Rückweg nach Leavenworth, in seinen Armen starb, nachdem seine anderen vier Kameraden ihn sterbend zurückgelassen hatten. Williams Pferd war bei dem Schusswechsel jedoch ebenfalls von einer Kugel getroffen worden und brach später tot zusammen. Nunmehr ohne Reittier gewesen, legte er die restliche Strecke nach Larned zu Fuß zurück.

Im Februar 1864 trat Unionsgeneral William Tecumseh Sherman (1820-1891) seinen Marsch durch Mississippi an. In Leavenworth wurde derweil das 7. Kansas-Regiment reorganisiert und nach Memphis, Tennessee geschickt, um dort gegen den Konföderierengeneral Nathan Bedford Forrest (1821-1877) zu kämpfen. William hatte sich zu dieser Einheit gemeldet und wurde in Tennessee angelangt, dem Hauptquartier von General Andrew Jackson Smith (1815-1897) unterstellt, der ihn als Meldereiter und darüber hinaus auch als Spion einsetzte, wobei es Cody auch gelang, sich das Vertrauen von General Forrest zu erschleichen und dessen Lager auszuspionieren, bevor ihm die überstürzte Flucht gelang. Forrest verließ später Mississippi, jedoch nicht, ohne am 12. April ein Blutbad bei Fort Pillow anzurichten, wo die Unionssoldaten, die sich ergeben hatten, nach ihrer Kapitulation exekutiert wurden. William kehrte nach Kansas zurück und wurde als Kundschafter in das 9. Kansas-Regiment nach Fort Larned versetzt. General Smith wurde nach Nashville, Tennessee geschickt, während William am 27. September 1864 wiederum beim 7. Kansas-Regiment an der Schlacht von Pilot Knob, Missouri teilnahm, wo die Konföderierten unter General Sterling Price (1809-1867) eine erhebliche Niederlage einstecken mussten. Auch die Einnahme von Jefferson City am Missouri River sollte den „Grauen" am Ende nicht gelingen und sie mussten sich nun endgültig aus Missouri zurückziehen. In der Schlacht erkannte William auch einige jener Männer wieder, die dereinst seinen Vater verfolgt hatten und einige von ihnen fielen von seinen Kugeln tödlich getroffen zu Boden. Auch traf er abermals mit James Butler Hickok zusammen, der sich ebenfalls zur Unionsarmee gemeldet hatte, wo er u.a. als Spion tätig gewesen war. Danach wurde Cody in das Hauptquartier nach St. Louis versetzt, wo er in einer Schreibstube einen eher trostlosen Dienst versah. In St. Louis traf er allerdings auch erstmalig mit seiner späteren Ehefrau, der am 27. Mai 1843 in St. Louis geborenen Louisa Maude Frederici zusammen. Nachdem die Zügel ihres Pferdes gerissen und das Tier mit ihr durchgegangen war, kam William ihr als „edler Ritter" zur Hilfe und stoppte das Pferd, woraufhin sich eine romantische Liaison mit anschließender Verlobung zwischen den beiden entwickeln sollte. Danach fuhr William zurück nach Kansas, wo seine Schwester Eliza inzwischen ebenfalls geheiratet hatte. Ein freudiges Ereignis, welches im Gegensatz zu dem Tod seines jüngsten Bruders Charles stand, der am 10. Oktober 1864 verstorben war.

Um, auch in Hinblick auf die bevorstehende Hochzeit, wieder zu Geld zu kommen, nahm William schon bald den nächsten Job an und er fuhr Postkutschen der *Overland Stage Mail* von Fort Kearny aus in Richtung Plum Creek, wo er und seine Passagiere sich wiederum eines Angriffs der Indianer erwehren mussten. Bei einer weiteren Fahrt im Februar 1865 musste er sich des Weiteren einer Räuberbande erwehren und konnte zwei von den Banditen gefangen nehmen. Zur Station zurückgekehrt, fand er einen Brief seiner Verlobten Louisa vor, in der diese ihn bat, sein Leben im Wilden Westen aufzugeben und zu ihr in den Osten zu ziehen, ein Wunsch, dem William zunächst freudig nachkommen sollte.

Der wahre Buffalo Bill

Die Hochzeit fand am 06. März 1866 in St. Louis statt, die sich anschließende Hochzeitsreise auf einen Flussdampfer, der das junge Brautpaar auf dem Missouri River bis nach Leavenworth brachte. Auf Bitten seiner Frau, das gefährliche Leben im Westen vollends aufzugeben, beschloss William, das einst von seiner Mutter betriebene Gasthaus weiterzuführen. Laut Julia Cody war er dabei in geselliger Hinsicht ein tadelloser, in finanziellen Dingen dagegen ein ganz schlechter Wirt gewesen. Nach sechs Monaten Betrieb und einem anschließenden Blick in die Geschäftsbücher, stimmte Louisa halb lächelnd, halb weinend schließlich zu, dass William sein Leben im Westen wieder aufnehmen solle, um sich und seine Frau finanziell wieder auf die Beine zu stellen. So kündigte er dann auch den Mietvertrag wieder, bezahlte alle Rechnungen und war danach so gut wie bankrott gewesen. Um seine Idee, ein eigenes Frachtwagenunternehmen zu gründen in die Tat umzusetzen, benötigte er zum einen einige Frachtwagen und zum anderen Handelswaren, um sein Unternehmen starten zu können. Geld jedoch hatte er keines mehr gehabt, sodass sich seine Schwester Julia als Bürgin für ihn einsetzte und so die Frachtwagen organisieren konnte. Auf ihre Fürsprache hin, fand sich der Händler M. E. Albright, ein alter Freund der Familie, der in Leavenworth ansässig gewesen war, dann auch bereit dazu, Julia die nötigen Lebensmittel für den Transportzug anzuvertrauen. Als alles geregelt gewesen war, informierte sie ihren bis dahin ahnungslos gewesenen Bruder, der nunmehr, nicht ganz ohne Stolz, über ein eigenes Transportunternehmen verfügt hatte. Das weitere Schicksal meinte es jedoch nicht gut mit ihm, denn in der Nähe von Junction City, wurde sein Wagenzug von Indianern angegriffen und vollständig geplündert, ein Schicksalsschlag, von dem sich William nur sehr langsam wieder erholen sollte, da er nunmehr völlig mittellos gewesen war. In Junction City traf er dann erneut auf seinen Freund Hickok, der ihm angesichts seiner aussichtslosen Lage riet, es wieder als Kundschafter bei der Armee zu versuchen. William nahm das Angebot an, es blieb ihm in seiner Situation aber auch kaum noch etwas anderes übrig. Er wurde in Dienst gestellt und das Gebiet, was er auskundschaften sollte, lag zwischen dem Fort Fletcher, welches am 11. Oktober 1865 in Betrieb genommen worden war und dem Fort Ellsworth in Kansas, wo William abwechslungsweise den Winter 1866/67 über verbrachte. Fletcher wurde, da der Smoky Hill Trail nicht mehr benutzt wurde, bereits am 05. Mai 1866 wieder geschlossen, dann jedoch, Ende 1866, eine Viertelmeile nördlich der alten Position wieder eröffnet und im November 1866 zu Ehren des 1864 in der Wilderness gefallenen Unionsgenerals Alexander Hays (1819-1864) in Fort Hays umbenannt. Im Frühjahr 1867 gab es jedoch sehr viel Regen, sodass der Stützpunkt überflutet und von den Soldaten geräumt werden musste. Dabei kamen neun Soldaten und Zivilisten ums Leben. 15 Meilen weiter östlich wurde das neue Fort Hays am 23. Juni dann wieder eröffnet. Dort lernte William am Ende auch den charismatischen Bürgerkriegshelden und Lieutenant Colonel, Brevet Major General George Armstrong Custer (1839-1876) kennen, mit dem ihn später eine Freundschaft verbinden sollte. William begleitete Custers kleine Einheit auf dem Rücken seines Maulesels als Führer von Fort Hays zu dem 60 Meilen entfernten Fort Larned und als beide Männer dort eingeritten waren, war Custers Einheit abgehängt und dessen Vollblutpferd erschöpfter als Williams grauer Maulesel gewesen. Nach einem Abendessen und kurzer Rast, machte sich William auch schon wieder zurück auf dem Weg nach Fort Hays, verfolgt von einer Schar Indianer, die es auf seinen Skalp abgesehen hatten. Wiederum war sein Maultier schneller gewesen und es erhielt von William nach dieser Episode den ironischen Namen „Custer" verliehen. Noch im fernen Westen befindlich, erreichte ihn die Nachricht aus Leavenworth, dass er bereits am 16. Dezember stolzer Vater einer Tochter geworden war, die den Namen Arta Lucille erhalten hatte.

1867 machte der Bau der *Kansas-Pacific-Railroad* große Fortschritte in dem Land, wobei rund 1.200 Arbeiter bei dem Eisenbahnbau beschäftigt gewesen waren, die von den Gebrüdern Goddard mit frischen Fleisch versorgt wurden, was sich als zunehmend schwieriger erwies, sodass zusätzliche Bisonjäger angestellt werden mussten. So wurde dann auch William im Herbst von Goddard unter Vertrag genommen, mit der Auflage, 12 Bisons täglich im Durchschnitt zu erlegen, wofür er ein monatliches Gehalt von 500 Dollar erhalten sollte und das war eine Menge Geld für einen Ex-Kundschafter gewesen. Ausgerüstet mit einem speziell für die Bisonjagd abgerichtetem Pferd namens „Brigham" und bewaffnet mit seinem Gewehr „Lucretia Borgia", einem Springfield-Hinterlader im Kaliber .50, begann seine Karriere als Büffeljäger, wobei er schon bald zu seinem Spitznamen „Buffalo Bill" kam, unter dem er weltweite Berühmtheit erlangen sollte. Doch zu jener Zeit gab es noch jemanden, der für sich ebenfalls diesen Namen in Anspruch genommen hatte, nämlich William *„Billy"* Comstock, ebenfalls Büffeljäger und Chiefscout von Fort Wallace. Es kam zu einer Wette zwischen den beiden Männern, bei der in einer festgelegten Zeit herausgefunden werden sollte, wer mehr Bisons als der jeweils andere erlegen konnte. Das zu diesem Zwecke ausgesuchte Gebiet lag in der Nähe von Sheridan, Kansas, wo sich zum festgelegten Tage eine große Menge von Zuschauern eingefunden hatte. Selbst eine Gruppe aus St. Louis, unter ihnen auch Louisa, war extra nach Sheridan gereist, um diesem Spektakel beizuwohnen. Am Ende des Tages stand das Ergebnis schließlich fest, wobei Cody 69, Comstock hingegen „nur" 46 Bisons erlegt hatte. Damit war dieser seltsame Wettbewerb zugunsten Codys entschieden worden, der nun der einzig wahre Buffalo Bill auf den nordamerikanischen Plains gewesen war. Als die Bahnstrecke im Mai 1868 Sheridan erreicht hatte, wurde sein Vertrag wieder aufgelöst.

In den acht Monaten seiner Tätigkeit hatte Cody ca. 2.500 Bisons erlegt, wobei diese Zahl jedoch zwischen 1.280 und 4.300 schwangt, je nachdem, welcher historischen Quelle man eher Glauben schenken möchte. Verlässliche Zahlen darüber gibt es nicht.

Wenn aber 12 Büffel am Tag der Durchschnitt gewesen sein mochte x 8 Monate = 240 Tage abzüglich ca. 35 Sonntage, so ergibt dies eine Zahl von ca. 2.460 getöteten Tieren, die ich hier zugrunde legen möchte, wenngleich dieses aber nur eine persönliche Schätzung meinerseits darstellen soll.

Nach der Versorgung der Arbeiter mit Bisonfleisch, nahm Buffalo Bill seine Tätigkeit als Kundschafter wieder auf und diente dabei unter General Philip Henry Sheridan (1831-1888), der eigens nach Kansas gereist war, um dort weitgehende Operationen gegen die feindlichen Cheyenne, Sioux, Comanchen und Arapahoe in die Wege zu leiten. Bei einem dieser Ritte legte Cody, trotz der Bedrohung durch die Indianer, 350 Meilen in 60 Stunden zurück und wurde daraufhin von Sheridan zum Chiefscout der 5. US-Kavallerie ernannt. Darüber hinaus wurde Cody bei einem seiner Ritte von einer Gruppe Krieger der Kiowa gefangen genommen und in das Lager ihres Häuptlings Satanta (um 1815-1878) gebracht, der u. a. auch als *„Redner der Prärie"* bekannt gewesen war. Nun aber musste Cody um sein Leben reden und dieses gelang ihm dann auch in seiner ihm typischen Manier, indem er Satanta mit der Lüge überlistete, dass er ein Bote der Armee wäre, der den Kiowa ausrichten sollte, das auf sie eine große Viehherde wartete, die von General William Babcock Hazen (1830-

1887) zu den Kiowa in Marsch gesetzt worden war, damit diese sich mal wieder richtig die Mägen vollschlagen konnten. Darüber hinaus beschwerte er sich auch bitterlich darüber, dass einer der jungen Krieger ihm bei seiner Gefangennahme mit einem Tomahawk auf den Kopf geschlagen hätte. Daraufhin bekamen die Krieger, die Cody gefangen genommen hatten, einen Verweis vom Häuptling und Cody selber seine Waffen wieder zurück. Die List gelang und am Ende konnte er ungehindert das Lager wieder verlassen, verfolgt von einer kleinen Gruppe Kiowa, die schließlich irgendwann bemerkten, dass es weit und breit tatsächlich keine Rinder für sie gegeben hatte. Als Cody seinem Maulesel die Sporen gegeben hatte, verfolgten sie ihn wütend bis hin in Richtung zum Fort Larned, wo sie in der Nähe des Pawnee Fork von Soldaten, die einen Wagenzug begleiteten, mit Gewehren in Empfang und schließlich in die Flucht geschlagen wurden.

Im Herbst 1868 traf die Armeeführung Vorbereitungen für einen neuerlichen Feldzug gegen die Cheyenne des Südens, wobei General Sheridans Plan vorsah, nun auch erstmalig die Winterdörfer der Indianer mittels dreier unabhängig voneinander operierender Armeekolonnen zu suchen und anzugreifen, nachdem die vorangegangenen Sommeraktionen gegen die mobileren Indianerbanden zu keinem Erfolg geführt hatten. Eine erste Truppe unter dem Major Brevet Lieutenant Colonel A. W. Evans sollte von Fort Bascom, New Mexico aus ins Indianer-Territorium (Oklahoma) vorrücken, während Major Brevet General Eugene Asa Carr (1830-1910) mit sieben Kompanien der 5. US-Kavallerie am 13. November aus Fort Lyon abrückte, um sich dann später mit einer dritten Armeekolonne unter der Führung des Captain Brevet Brigadier Generals William Henry Penrose (1832-1903) zu vereinen, der seinerseits vier Kompanien der 10. Kavallerie sowie eine Kompanie der 7. US-Kavallerie ins Feld führte. Der Großteil der 7. US-Kavallerie unter dem Kommando des inzwischen extra für diesen Feldzug von Sheridan reaktivierten George A. Custer hatte derweil das Fort Dodge verlassen und rückte ebenfalls in das Indianer-Territorium vor. Am 27. November 1868 griff er am Washita River in Oklahoma ein Dorf der Südlichen Cheyenne unter deren Häuptling Black Kettle an. Die Soldaten töteten bei ihrem Angriff im Morgengrauen insgesamt 103 Indianer, überwiegend Frauen und Kinder und nahmen 53 weitere von ihnen gefangen. Unter den Toten befand sich am Ende auch Black Kettle selber und eine Legende weiß zu berichten, dass Codys Freund Bill Hickok den alten Häuptling persönlich getötet haben soll. Tatsächlich jedoch befand sich dieser zum Zeitpunkt des Überfalls gar nicht bei Custers Truppe, sondern diente General Penrose als Kundschafter. Mitte Dezember jedenfalls wurde Penroses Armeekolonne, die am Palo Duro Creek zwischen dem Texas-Panhandle und dem Indianer-Territorium operierte, von einem Schneesturm überrascht und vollkommen eingeschneit. Statt gegen feindliche Cheyenne, mussten die Soldaten nun gegen den Kältetod ankämpfen, wobei man schließlich einen Reiter in Marsch setzte, dem es am Ende auch tatsächlich gelang, sich zur Truppe von General Carr durchzuschlagen. Eilig wurde ein Rettungstrupp unter der Führung von Buffalo Bill Cody zusammengestellt, der sich trotz des Blizzards auf dem Weg machte, um Penrose zur Hilfe zu kommen. Am Ende gelang es Cody dann auch, die eingeschneite Truppe zu finden, erlitt aber durch den heulenden Wind einen dauerhaften Gehörschaden. Ihm folgte Carr, der am 30. Dezember ein Lager am Palo Duro Creek errichtete, wo die halberfrorenen Männer, unter ihnen auch Hickok, langsam wieder zu Kräften kamen. Außerdem setzte er 500 Reiter in Richtung des Texas-Panhandle in Marsch, die sich zu Colonel Evans hin durchschlugen, der inzwischen am südlichen Arm des Canadian River das Fort Evans errichtet hatte.

Um diese Zeit herum war ein mexikanischer Frachtwagenzug, beladen mit Bierfässern, von Fort Union aus nach Fort Evans hin unterwegs gewesen und als Cody und Hickok Wind davon bekommen hatten, beschlossen sie kurzerhand, diesen Bierzug für Carrs Truppe zu konfiszieren und zu eigenen Zwecken umzuleiten. Das Ergebnis war ein feuchtfröhliches Trinkgelage, an das sich Cody wie folgt erinnern sollte:

„(...) in der Kälte erwärmten wir das Bier, indem wir das Ende unserer eisernen, zuvor im Lagerfeuer rotglühend erhitzten Pferdepflöcke in die Tasse steckten. Das Ergebnis war eines der größten Trinkgelage, an dem ich zu meinem Unglück jemals teilgenommen habe."

Rosa, „The called him Wild Bill", S. 125

Anfang 1869 kehrte Carrs 5. sowie die 10. Kavallerie mit Cody und Hickok nach Fort Lyon zurück, wo es laut zeitgenössischen Berichten zu einer handfesten Schlägerei zwischen den beiden auf der einen und Penroses mexikanischen Kundschaftern auf der anderen Seite gekommen sein soll. Als das Frühjahr 1869 herangebro-chen war, wurde das 5. Kavallerieregiment nach Fort McPherson, Nebraska verlegt. Der Zug bestand aus 76 Proviant- und einige Ambulanzwagen und stand unter dem Befehl von Oberst Royal, der später durch General Carr ersetzt werden sollte, sowie einem Major Brown und Captain Sweetman. Trotz eines Scharmützels mit den Indianern, erreichte der Zug sicher Fort McPherson, wo Buffalo Bill sein weiteres Zuhause finden sollte.

Nachdem Custer das Dorf von Black Kettle am Washita River angegriffen und zerstört hatte, teilten sich die Cheyenne in zwei Gruppen auf, nachdem es zu einem Zerwürfnis zwischen Tall Bull und Little Robe gekommen war. Am Ende beschloss Tall Bull, das Reservat mit 200 Cheyenne wieder zu verlassen und nach Norden, nach Wyoming zu ziehen, um ihre Zelte mit den dort lebenden nördlichen Verwandten zusammenzulegen. Bald darauf schlossen sich ihm die Überlebenden des Cheyenne-Anführers Roman Nose (Woquini) an, der in der Indianerschlacht von Beecher's Island (17. bis 26. September 1868) von einer Gewehrkugel tödlich getroffen worden war. Die US-Armee nahm die Verfolgung der Cheyenne auf, wobei es zu kleineren Gefechten mit ihnen gekommen war. Als Vergeltung zerstörten die Dog Soldiers Eisenbahnschienen im Gebiet des Smoky Hill, griffen weiße Siedler an und entführten dabei auch zwei deutschstämmige Frauen als Geiseln. Trotz der ständigen Ver-folgung, schafften die Indianer es bis nach Summit Springs, 15 Meilen südöstlich des heutigen Sterling in Colorado, wo sie im Juli ein großes Lager errichtet hatten. Es war dann auch mehr einem Zufall zu verdanken, dass Buffalo Bill und Frank North (1840-1885) der Befehlshaber des Pawneebattailons dieses Lager entdeckten. Als sie dieses Wissen an den

Major General Eugene Asa Carr weitergegeben hatten, der die Cheyenne bereits seit Wochen verfolgt hatte, verschwendete dieser keine Zeit mehr und löste sich von dem mitgeführten Tross. Am 11. Juli griff er mit rund 300 Soldaten von drei Seiten her gleichzeitig an, sodass den von dieser Attacke überraschten Indianern, nur die Flucht nach Süden in eine Schlucht blieb, wo sie sich verbissen gegen die Soldaten verteidigten. Am Ende waren 52 Cheyenne getötet und 17 Kinder und Frauen gefangen genommen worden. Tall Bull selber wurde von einem Gewehrschuss in den Kopf getötet, und zwar höchstwahrscheinlich von Frank North persönlich. Auch Buffalo Bill behauptete später, den Häuptling mit einem Schuss in den Kopf getötet zu haben, doch beruhte diese Behauptung wahrscheinlich auf eine schlichte Verwechselung, denn einer der Cheyenne namens Two Crows hatte sich zu Beginn der Kämpfe das weiße Pferd von Tall Bull geschnappt und ritt auf diesem davon. Cody erschoss ihn später und führte das Pferd ins Soldatenlager, wo es von einer der Frauen Tall Bulls als dessen Pferd erkannt wurde, worauf man irrtümlich meinte, Cody habe Tall Bull getötet. Als das Gefecht schließlich vorüber gewesen war, befanden sich unter den Toten auch eine der weißen Gefangenen namens Susannah Alderdice.
Das Gefecht von Summit Springs beendete die Kämpfe mit den Südlichen Cheyenne, viereinhalb

Jahre nach dem Massaker von Sand Creek und nachdem die bedeutendsten Häuptlinge und Anführer - Tall Bull, Roman Nose, Black Kettle, White Antelope u. a. m. - getötet worden waren. Die Macht und der Einfluss der Dog Soldiers auf den südlichen Plains war damit endgültig gebrochen worden und im Herbst 1869 registrierte Washington zufrieden, dass nun überall Frieden in den Plains-Gebieten herrschte.

Auf der Theaterbühne

Ned Buntlines bürgerlicher Name lautete Edward Zane Carroll Judson und er wurde am 20. März 1823 in Harpersfield, New York geboren. Wie nach ihm auch Buffalo Bill, schien Edward ebenfalls von der Abenteuerlust gepackt worden zu sein und im jugendlichen Alter riss er von zu Hause aus und ging zur See. Dort kämpfte er u. a. in den Seminolenkriegen, obwohl er dort nicht direkt in den Kämpfen mit den Indianern verwickelt worden war. Nach vier Jahren verließ er die Marine als Kadett wieder und legte sich 1844 den Namen Buntline zu, welcher sich von einem Begriff aus der Seefahrt ableitete, der ein Tau an der unteren Seite eines quadratischen Segels bezeichnet. 1845 ging er mit seinem Verlag Konkurs und floh aus Ohio hinunter nach Kentucky. Dort in Eddyville gelang es ihm, zwei Mörder dingfest zu machen, wofür er ein Kopfgeld von 600 Dollar erhalten hatte. Mit diesem Geld gründete er in Nashville, Tennessee eine neue Zeitschrift mit den Namen „*Ned Buntline's Own*" und beging darüber hinaus den Fehler eine Affäre mit einem minderjährigen Mädchen anzufangen, dessen Vater Robert Porterfield ihn am 14. März 1846 zum offenen Duell forderte. Buntline erschoss Porterfield und wurde seinerseits bei der sich anschließenden Gerichtsverhandlung von dessen Bruder angeschossen und verwundet. Buntline gelang zwar zunächst die Flucht, doch er wurde bald darauf von einem Lynch-Mob gefangengenommen und kurzerhand an einer Markise aufgehängt, doch Freunde konnten ihn noch rechtzeitig retten und ihn vom Strick schneiden. 1848 hatte er schließlich genug von der Gastfreundschaft des Südens gehabt und wandte sich mit seiner Zeitschrift nach New York City, wo er mit einer Serie von veröffentlichten Geschichten über die Bowery und den Five Points von New York Erfolg hatte. Allerdings pflegte er auch Kontakte zu New Yorker Unterwelt und galt als überzeugter „Native" u. a. als einer der Anstifter des sogenannten „*Astor-Place-Aufstandes*" vom 10. Mai. 1849, bei dem rund 25 Menschen getötet und über 120 verletzt worden waren. Nebenbei bemerkt: Der Kinofilm „Gangs of New York" aus dem Jahre 2002 mit dem Darsteller und Oscar-Preisträger Leonardo DiCaprio (*1974) in der Hauptrolle, beschreibt eindrucksvoll diesen Kampf zwischen den „Natives" (Einheimischen) und den irischen Einwanderern in der Stadt. Ähnliche Eindrücke hinterließ Buntline später in St. Louis, wo er ebenfalls an einem Aufstand der „Natives" beteiligt gewesen war. Darüber hinaus hielt er landesweite Vorträge über die Selbstbeherrschung, war aber selber dem Alkohol stark zugetan. Auf der Suche nach neuem Material für seine Groschenromane, hielt er sich 1869 in Nebraska auf, wo er erfuhr, dass sich Wild Bill Hickok, über den ja bereits zwei Romane im DeWitt-Verlag erschienen waren, dort aufhalten solle. Tatsächlich gelang es Buntline dann auch, Hickok in einem Saloon in Fort McPherson aufzuspüren, wobei er, laut Aussage von Codys späterem Manager Hiram Robbins, dem Hickok seine Erinnerungen an dieses Erlebnis anvertraut hatte, euphorisch auf diesen zugegangen war und gerufen haben soll:

„Ich will sie! Sie sind der Mann, den ich gesucht habe!"

woraufhin Hickoks Hände hinunter zu den Griffen seiner beiden Revolver wanderten, wobei er aufs äußerste angespannt fragte, wie er das gemeint hätte?

„Ich sagte, ich will sie, sie sind mein Mann!"
Hickok: „Nun, wenn sie mich haben wollen, in Ordnung." (Er zieht seine Revolver aus den Holstern).

Buntline bemerkt Wild Bills Erregung, weicht dabei hastig einen Schritt zurück und rief: "Ich repräsentiere Street & Smith vom New York Weekly und ich bin auf der Suche nach einem leibhaftigen Indianerkämpfer und als ich sie gesehen habe, wusste ich sofort, sie sind der richtige Mann, so wie ich ihn mir vorgestellt habe", woraufhin Hickok meinte: "Das geht schon in Ordnung. Es war ein nettes, kleines Gespräch, aber lassen sie sich eines gesagt sein, mein Freund. Ich gebe ihnen genau 24 Stunden Zeit, um von hier zu verschwinden. Ich habe keine Ahnung, was ihr Job ist, aber ich mag ihr Aussehen überhaupt nicht!"

Rosa, "The Called him Wild Bill", S. 243

Tatsächlich hatte Ned Buntline zu der Zeit nicht gerade einen vertrauenswürdigen Eindruck bei Wild Bill hinterlassen. Er hinkte auf einem Bein, trug die typische Kleidung eines Oststaatlers und schien zu jener windigen Sorte Geschäftsleute zu gehören, die einem gerne mal das finanzielle Fell über die Ohren zogen, wenn man nicht aufpasste. Buntline hingegen befolgte umgehend Hickoks Rat und verschwand schleunigst aus dem Fort. Über Umwegen traf er dann mit Buffalo Bill zusammen und erhoffte sich von ihm, weitere Informationen über Wild Bill zu erhalten. Jedoch beeindruckt von Codys Person wurde er dann aber für seinen nächsten Roman: „*Buffalo Bill - King of the Border Men*", inspiriert, der am 23. Dezember 1869 im New York Weekly erscheinen sollte:

„Als (...) Marineoffizier trug Ned Buntline eine schwarze Interimsuniform. Sein Gesicht war tief gebräunt und durchfurcht und hatte einen energischen, dabei aber doch gutmütigen Ausdruck; er hinkte ein wenig und trug deshalb stets einen Stock. Freundlich reichte er (...) Will die Hand und drückte seine Freude darüber aus, ihn kennenzulernen (...) Während des nun folgenden Kundschafterrittes entdeckte die Gesellschaft zufällig einen Riesenknochen, den der die Expedition begleitende Arzt als Teil eines vorsintflutlichen menschlichen Skeletts erklärte. Will, der die Indianersprache genügend verstand, erzählte bei dieser Gelegenheit die unter den Sioux verbreitete Sage über die Sintflut. Die weisen Männer jenes Stammes lehrten, dass die Erde einst von Riesen bevölkert gewesen waren sei, die den heutigen Menschen ums Dreifache an Körpergröße übertrafen. So flink und kraftvoll seien sie gewesen, dass sie neben einen Büffel herlaufen, das Tier unter einen Arm nehmen, ihm ein Bein ausreißen und es während des Rennens verzehren konnten. Im hochmütigen Bewusstsein ihrer Kraft und Größe aber, haben sie das Dasein eines Schöpfers geleugnet. Zuckte ein Blitz

hernieder, so erklärten sie sich stärker als er; donnerte es, so lachten sie. Dieses missfiel dem „Großen Geist" und um sie für ihre Anmaßung zu strafen, sandte er einen heftigen Regen auf die Erde nieder. Alle Täler füllten sich mit Wasser, sodass sich die Riesen auf die Hügel flüchten mussten. Aber auch an den Hügeln krochen die Fluten allmählich hinauf, weshalb die Riesen Zuflucht auf den höchsten Bergen suchten. Allein der Regen wollte nicht aufhören (...) und die Riesen ertranken. Der „Große Geist" aber zog nun seinen Nutzen aus den gemachten Erfahrungen. Nachdem die Wasser wieder gesunken waren, erschuf er eine neue, aber kleinere und schwächere Menschenrasse. Diese Sage hat sich seit den ältesten Zeiten von Sioux-Vater zu Sioux-Sohn verpflanzt. Auch sie zeigt, dass die Geschichte von der Sintflut, von der sich bei allen Völkern eine Überlieferung findet, ein historisches Gemeingut der ganzen Welt ist."

Helen Cody: „Buffalo Bill, der letzte Kundschafter, Kapitel 20

Das nächste freudige Ereignis stand gleichsam an, denn am 26. November 1870 kam Codys zweites Kind in Fort Mc Pherson auf die Welt. Es war ein Sohn und wurde nach dem berühmten Kundschafter

Christoper „Kit" Carson (1809-1868) auf den Namen Kit Carson getauft. Buntlines Veröffentlichung des Romans mit Buffalo Bill als Hauptfigur, inspirierte derweil den New Yorker Dramatiker Frank Meader, der diesen Roman als Vorlage für sein Theaterstück auswählte, welches im Jahre 1872 erstmalig aufgeführt wurde.

Im September 1871 verließ ein Sonderzug New York City und dampfte voll bestückt mit gelangweilten Millionären von der Ostküste gen Westen. Ziel war es, eine private Bisonjagd zu veranstalten und die Einladungskarten dafür hatte US-General Philip H. Sheridan höchstpersönlich verschickt. In Nebraska angelangt, stieß Cody zu den Millionären, um ihnen als erfahrener Kundschafter zur Seite zu stehen. Innerhalb der nächsten zehn Tage schoss die Jagdgemeinschaft aus dem fahrenden Zug heraus an die 600 Tiere ab, während Cody ihnen erklärte, wo sich das gefährliche Ende ihres Gewehres befand. Da diese Millionärsjagd ein großer Erfolg gewesen war, beauftragte Sheridan Cody mit einer noch spektakuläreren Aufgabe, nämlich eine Bisonjagd zu Ehren des Großherzogs Alexis Romanov, dem dritten Sohn des Zaren von Russland Alexander II (1818-1881), auszurichten, der als Staatsgast in den USA weilte. Cody begann bald darauf mit den nötigen Vorbereitungen dieser Jagd, wobei er am Ende auch Spotted Tail und seine Brulé-Sioux dazu überreden konnte, Kriegstänze und Schaukämpfe für des Zaren Sohn abzuhalten, derweil George A. Custer, der neben Cody als zweiter Führer dienstverpflichtet worden war, sich im angetrunkenen Zustand an Spotted Tails Tochter heranmachte. Die Bisonjagd selber, die am 14. Januar 1872 stattfand, wurde ein voller Erfolg, der im Anschluss mit echtem französischen Champagner gebührend gefeiert wurde. Die Millionärsjagd, bei der Cody extra einen für dieses Ereignis maßgeschneiderten, fantasievoll verzierten Wildlederanzug trug, und die Organisierung der Bisonjagd für Prinz Alexis, bei der er, gleich einem Zirkusdirektor, einen ganzen Indianerstamm als Schauspieltruppe dirigiert hatte, bildeten somit in Ansätzen seine Wandlung, weg vom Image des Jägers und Kundschafters, hin zum Westernheld und Showmaster.

1872 lief in New York City, wie bereits erwähnt, Meaders Theaterstück *„Buffalo Bill - König der Pioniere"* und sorgte dort für volle Kassen. Cody, der von Buntline und George Gordon Bennett jr. nach New York eingeladen worden war, saß dabei in einer der Theaterlogen, um sich dieses Stück mit seiner Person als Hauptrolle anzuschauen. Als das Publikum seinerseits erfahren hatte, dass der wahre Buffalo Bill mitten unter ihnen saß, erhob es sich von den Plätzen und applaudierte ihrem Helden frenetisch zu, während sich Cody unsicher von seinem Platz erhob und vor lauter Nervosität nicht so recht wusste, was er sagen sollte. Später musste ihm Buntline sogar finanziell unter die Arme greifen, da er seine letzten 50 Dollar für ein Vier-Gänge-Abendessen für zwölf geladene Gäste ausgegeben hatte, bei denen er sich für die Einladung revanchieren und dabei neue Kontakte knüpfen wollte. Als ihm später von dem Nobelrestaurant *Delmonico's* die Rechnung präsentiert worden war, musste er entsetzt feststellen, dass seine 50 Dollar lediglich für die „Vorsuppe" gereicht hatten. Buntline sprang helfend ein und bezahlte die restliche Summe. Nach seinem Besuch in New York wandte er sich zurück nach Fort McPherson, Nebraska, doch mittlerweile hatte sich Ned Buntline fest an seine Fersen geheftet. Er flehte Cody mehrmals an, in den Osten zurückzukehren, um sich dort auf den „Brettern, die die Welt bedeuten" (Friedrich Schiller) selber darzustellen. Dafür versprach er ihm eine wöchentliche Gage von 500 Dollar, eine Menge Geld für einen Ex-Büffeljäger und Kundschafter und - um eine lange Geschichte kurz zu erzählen - Cody nahm Buntlines Angebot schließlich an, bedingte sich dabei allerdings aus, dass sein Freund John Baker „*Texas Jack*" Omohundro (1846-1880) mit von der Partie sein sollte. Nachdem zwischenzeitlich seine zweite Tochter Orra Maude am 15. August 1872 geboren worden war, gaben beide Männer am 16. Dezember 1872 ihr Schauspieldebüt im Nixon's Amphitheater in Chicago. Das von Buntline eiligst zusammengeschusterte Stück hieß „*Scouts of the Prairie*" und da weder Cody noch Texas Jack ihren Text auswendig gelernt hatten, improvisierten sie auf der Bühne so vor sich hin und erzählten sich Geschichten aus ihrem abenteuerreichen Leben im Wilden Westen, während das Publikum andächtig dazu lauschte und ab und zu Beifall klatschte. Die Kritiker zerrissen das Stück zwar als:

„(...) die miserabelste Theaterproduktion, die jemals eine amerikanische Bühne gesehen hatte",

doch das Publikum liebte Cody und jubelte ihrem Helden begeistert zu. Und auch die Einnahmen stimmten; alleine in Boston flossen rund 16.000 Dollar in die Kasse. Weitere Auftritte folgten danach in St. Louis, Cincinnati und anderen Theaterhäusern des Ostens. Als es Frühjahr 1873 wurde, trennten er und Texas Jack sich dennoch von Buntline, nachdem der Codys Bitte nach einer Gehaltserhöhung dankend abgelehnt hatte. Nach einem letzten Auftritt im Juni 1873 in Port Jervis, New York, gingen die beiden wieder zurück nach Nebraska, wo Cody eine weitere Jagdgesellschaft eines Engländers namens Medley als Kundschafter begleitete, wofür er eine Prämie von 1.000 Dollar bekam. Um diese Zeit herum war in Codys Kopf aber bereits der Plan gereift, eine eigene

Theaterproduktion ins Leben zu rufen, um mit ihr das große Geld zu verdienen. So stellte er schnell eine eigene Truppe zusammen, die schließlich am 08. September 1873 in Williamsport, Pennsylvania ihr Schauspieldebüt gab. Weitere Auftritte folgten u. a. in Portland, Rochester und Philadelphia. Zu dieser Schauspieltruppe gesellte sich am Ende auch noch Wild Bill Hickok hinzu, der hoffte, dass ihm das Bühnenleben mehr Geld als das Kartenspielen einbringen würde.

Hickok traf im August 1873 in New York ein, um sich dort mit Cody zu treffen. Er hielt sich zum ersten Mal in der Stadt auf und geriet dabei auch prompt mit einem Droschkenkutscher in Streit, der ihn vom Bahnhof bis zum Metropolitan Hotel transportiert hatte, wofür er ein Fahrgeld von fünf Dollar verlangte. Hickok, dem dieser Preis völlig überzogen erschienen war, händigte dem Kutscher zwar die verlangte Summe aus, doch nach einem kurzen Disput schlug er ihn anschließend zu Boden. Unglücklicherweise für ihn, befand sich zufällig ein wachsames Auge des Gesetzes in Form eines New Yorker Cops in der Nähe und Cody musste einen Tag später Hickoks Strafe in Höhe von zehn Dollar bezahlen.

Das Stück *„Scouts of the Plains"* stand erstmalig am 08. September 1873 in Williamsport auf dem Spielplan, ein weiteres Stück folgte danach und hieß: *„Buffalo Bill, King of the Border Man."*

Im Gegensatz zu Cody, Texas Jack und den anderen rund ein Dutzend Schauspielern, war Wild Bill vor jedem Auftritt extrem nervös gewesen. Er litt unter Lampenfieber und hatte ständig Angst davor, sich auf der Bühne der Lächerlichkeit preiszugeben. Mühsam stolperte er seinen Text hinunter und wurde von Auftritt zu Auftritt mürrischer, während sein Neid auf Cody und den anderen wuchs, die dem Publikum in scheinbarer Unbefangenheit gegenübertraten. Während einer Trinkszene z. B. Verlangte er echten Whiskey und spuckte den Tee, der als erkaltete Requisite herhalten musste, angewidert vor sich auf dem Boden. Das Publikum brach in Gelächter aus und Cody schickte jemanden hinter die Bühne, der Hochprozentiges herbeischaffen musste, damit die Vorstellung weitergehen konnte. Um alles mögliche zu versuchen, seinen Vertrag vorzeitig wieder aufzulösen, schoss er mit seinen „lediglich" mit Schwarzpulvern geladenen Revolvern auf einige Akteure, die die Rolle von toten Indianern zu spielen hatten. Die Schü-se verursachten einige hässliche Brandwunden an den Beinen der „Rothäute", die wie von der Tarantel gestochen, in die Höhe sprangen. Die Direktion mahnte ihn zwar diesbezüglich ab, doch bei der nächsten Aufführung wiederholte Hickok diese Aktion aufs Neue, wobei er meinte, dass er dabei doch keinen verletzten würde. In Titusville, Pennsylvania setzte er am 06. November 1873 sechs Krawallbrüder im Parshal Opera House außer Gefecht, wobei er sich laut damaligen Zeugenaussagen eines massiven Holzstuhles bedient hatte. Als er den Billardraum, wo die „Schlacht" stattgefunden hatte, wieder verlassen hatte, soll er, laut Cody, eine lustige Melodie dabei gepfiffen haben. Als Folge dieser Ausbrüche und Eigenmächtigkeiten bat er seinen Freund dann auch zu einem ernsten Vieraugengespräch, bei dem er ihm zu verstehen gab, dass es so nicht mehr weitergehen könne und dass er entweder vernünftig werden, oder seine Schauspieltruppe wieder verlassen müsse. Hickok frohlockte innerlich und entschied sich am Ende natürlich für die zweite Option und verließ das Ensemble Mitte März 1874 in Rochester, New York wieder. Cody gab ihm noch eine großzügige Abfindung mit auf dem Weg, die Hickok laut zeitgenössischen Berichten jedoch noch in New York verspielt haben soll. Eine Zeitlang spielte er noch in einem weiteren Theaterstück mit dem Namen „*Daniel Boone Party*" mit, die von einem Theateragenten namens Stevens ins Leben gerufen worden war, wofür er eine Gage von 50 Dollar bekam. Hickok hatte diesem Arrangement erst nach längerem Zögern zugestimmt, ohne dass sich seine schauspielerischen Fähigkeiten dabei in irgendeiner positiven Form weiterentwickelt bzw. verbessert hätten. Am Ende machte er mehr und mehr eine schlechte Figur auf der Bühne und schmiss bald darauf von sich aus das Handtuch, wobei er Stevens gegenüber zu verstehen gab, dass er sich nicht mehr länger zum Narren machen lassen wolle. Während er wieder in den Westen zurückging, feierte Cody weiterhin Erfolg auf Erfolg als Schauspieler.

Im Winter organisierter er den Umzug seiner Familie nach Rochester, New York und engagierte für seine nächste Theatersaison echte Indianer, die in seinem Stück auftreten sollten. Die Saison 1875/76 wurde ein voller Erfolg, doch als sich diese fast ihrem Ende zugeneigt hatte, bekam Cody ein Telegramm seiner Frau, das ihn an das Krankenbett seines Sohnes Kit Carson nach Rochester rief. Cody unterbrach sofort seine Vorstellung und erwischte in letzter Minute einen Zug, der ihn nach New York brachte. In der Nacht, wo er Rochester erreicht hatte, starb Kit Carson am 20. April 1876 in seinen Armen und wurde am 24. April auf dem Friedhof von Mount Hope beerdigt. Mit bekümmertem Herzen brachte Cody die restliche Spielzeit hinter sich und dürfte froh darüber gewesen sein, in den Westen zurückkehren zu dürfen.

Buffalo Bills Wild West

Im Westen der USA begann in jenem Sommer eine neuerliche Kampagne gegen die Sioux, Arapahoe und Cheyenne, die sich trotz eines Ultimatums des Kommissars für indianische Angelegenheiten geweigert hatten, in ein Reservat zu ziehen. Nach Red Clouds

Krieg (1866-1868) war ein Friedensvertrag geschlossen worden, worin den Sioux die Black Hills und das Gebiet am Powder River für immer und ewig zugesprochen worden war. Dieses änderte sich 1874, als eine 1.000 Mann starke Truppe unter General Custer in die Black Hills einmarschiert war und dort u. a. auf Goldvorkommen stieß, wenn auch nur in sehr bescheidenen Mengen. Diese reichten am Ende jedoch aus, um einen Goldrausch in das Gebiet loszutreten, wobei man auf die Rechte der Indianer keinerlei Rücksicht nahm. Die letzten freien Gruppen Sioux um Sitting Bull (1830-1890) und Crazy Horse (1838-1877) zogen nach Montana, um dort den großen Sonnentanz abzuhalten und sich auf die herbstliche Bisonjagd vorzubereiten. Die US-Armee unter Philip H. Sheridan bekam daraufhin die Order, die Indianer unter dem Bruch des Vertrages von 1868, militärisch zu unterwerfen, wobei dessen Plan später vorsah, die Indianer mittels dreier Armeekolonnen in einer Zangenbewegung zu umschließen und militärisch zu unterwerfen. Sheridan rief erneut nach seinem besten Kundschafter Buffalo Bill Cody und der begab sich sofort nach Chicago, wo er erneut General Carr´s 5. US-Kavallerie zugeteilt wurde, die sich in Cheyenne, Wyoming aufhielt, wohin sich Cody dann wandte. Als Kundschafter führte er die Soldaten nach Fort Laramie und als er gerade einmal zwei Wochen bei der Truppe befunden hatte, wurde die Nachricht

publik, das General Custer und mit ihm fünf Kompanien der 7. US-Kavallerie - 14 Offiziere, 247 Reiter, ein Arzt, sowie 8 Zivilisten und indianische Kundschafter - am 25. Juni am Little Bighorn River im Montana-Territorium von den dort lagernden Indianern unter Gall, Crow King, Two Moons und Crazy Horse getötet worden waren. Ein weiteres Truppenkontingent, das anders als Custer der völligen Vernichtung der Indianer entging und das von Major Marcus Reno befehligt wurde, beklagte 47 Tote sowie 52 Verwundete an jenem Tage.
Aufgeschreckt von diesem Ereignis, begann die US-Armee nun, die Indianer mit allen Mitteln zu verfolgen und militärisch zu schlagen, was dann auch für eine Gruppe von 250 bis 300 Cheyenne galt, die aus dem Reservat geflohen waren, um sich den Siegern vom Little Bighorn anzuschließen. Oberst Wesley Merritt (1834-1910), der inzwischen das Kommando über die 5. Kavallerie von General Carr übernommen hatte, eilte den Indianern mit seiner Truppe entgegen und konnte sie am 17. Juli 1876 am Warbonnet Creek im nordwestlichen Nebraska schließlich stellen. Es kam zu einem Scharmützel zwischen den Soldaten und den Indianern, welches schließlich auf ein Zweikampf zwischen dem Cheyenne-Häuptling Yellow Hair und Buffalo Bill hinauslief, der Cody zum Duell Mann gegen Mann gefordert hatte. Als beide Männer ihre Gewehre abgefeuert hatten, stürzte das Pferd von

Yellow Hair samt seinen Reiter zu Boden, während Codys Pferd, das mit einem Huf in ein Loch getreten war, ebenfalls zu Boden ging. Aus einer Entfernung von zehn Metern feuerten beide abermals aufeinander und Yellow Hair wurde tödlich von Codys Kugel getroffen. Anschließend nahm er den Skalp samt Federschmuck an sich und rief den jubelnden Soldaten zu:

„Dies ist der erste Skalp für General Custer!"

Die Cheyenne leisteten zwar noch einige Zeit Widerstand gegen die Armee, zogen sich dann aber in die Red Cloud Agentur zurück, während sich Merritts Truppe am 03. August General Crook anschloss.
Tags zuvor, am 02. August, wurde Wild Bill Hickok im Mann´s No. 10 Saloon in Deadwood von einem Mann namens Bill Sunderland, alias John *„Broken Nose Jack"* McCall während einer Pokerrunde von hinten in den Kopf geschossen und getötet. Gerade einmal knapp drei Monate später folgte ihm Moses *„California Joe"* Milner, der am 29. Oktober in Fort Robinson, Nebraska von einem Mann namens Tom Newcomb nach einem Streit durch einen Schuss in den Rücken getötet wurde. Innerhalb von fünf Monaten hatte Cody somit drei seiner guten Freunde durch Gewalteinwirkung verloren. Er kehrte auf die Bühne zurück und zusammen mit Frank North kaufte er sich

ein Stück Land, nördlich des Platte Rivers, welches bald 7.000 Morgen umfasste, welches von seinem Schwager verwaltet wurde und wohin die Familie bald darauf zog. 35 Meilen weiter nördlich, am Dismal River, kaufte er eine weitere Farm und begann an seiner ersten Autobiografie zu schreiben, die im Sommer 1879 in Hartford, Connecticut erstmalig unter dem Titel: „*The Life of Hon. William F. Cody, known as Buffalo Bill, the famous Hunter, Scout and Guide. An Autobiographie*" veröffentlicht werden sollte. Daneben trat er weiterhin auf den Bühnen des Ostens auf und im Sommer 1882 besuchte er erstmalig das Bighorn Tal, um sich dort ein eigenes Bild von Custers Niederlage und Tod zu machen.

Zum Unabhängigkeitstag, dem 04. Juli 1882, wurde Cody in North Platte, Nebraska mit der Organisation der Festlichkeiten beauftragt. So beschloss er zusammen mit Gordon William Lillie, alias „*Pawnee Bill*" (1860-1942) einem weiteren Schausteller, neben den bei diesen Anlässen üblichen Wettkämpfen, auch einen Scharfschützenwettbewerb und eine inszenierte Büffeljagd mit in das Programm aufzunehmen, womit er großen Erfolg hatte. Das gab ihm schließlich den Mut, ein Jahr später eine Freilichtshow mit Cowboys, Indianern u. a. Elementen seiner späteren Wildwestshow in Szene zu setzen und damit auf Tournee zu gehen. Am 06. Februar 1883 wurde er erneut Vater, denn seine dritte Tochter Irma Louisa wurde auf seiner Farm am North Platte, Lincoln County, Nebraska geboren.

Am 17. Mai 1883 erlebte Codys *„Rocky Mountain & Prairie Exhibition"* in Omaha, Nebraska ihre Uraufführung und trat von dort aus unter dem späteren Namen *„Buffalo Bills Wild West"* ihren Siegeszug in Amerika und Europa an. Indianische und mexikanische Reiter sowie Cowboys ritten in die Arena ein. Ihnen folgten Kosaken, Araber, deutsche Reiter, Jäger und Kürassiere, Gauchos aus Südamerika, Indianer aus Kuba, Puerto Rico und Hawaii, sowie texanische Scharfschützen. Zum Schluss ritt Buffalo Bill auf einem prachtvollen Pferd in die Manege ein, einen Sombrero in der Hand haltend, wobei er dem Publikum stolz verkündete:

„Meine Damen und Herren, gestatten sie mir, ihnen eine Versammlung der besten Reiter der Welt vorzustellen."

Danach ging die Show von Mai bis Oktober auf Tour und die Zuschauer in Omaha, Peoria und Springfield in Illinois, Cincinnati, Columbus und Dayton in Ohio, Coney Island und Rochester in New York, Boston in Massachusetts, Providence und Newport in Rhode Island, Hartford in Connecticut, Brooklin in

New York, Jackson in Michigan, Chicago in Illinois und zum Ende der Saison wiederum Omaha, Nebraska sahen sich sein Spektakel an.

Das Verhältnis zwischen Cody und seiner Frau hatte sich während dieser Spielzeit allerdings merklich verschlechtert. Louisa mäkelte an ihrem Gatten herum und beklagte sich, dass er das Geld mit vollen Händen ausgab und dass er zu viel trank, während Cody bald genug von ihren ewigen Nörgeleien und Keifereien gehabt hatte und einen Scheidungsantrag stellte. Am 24. Oktober 1883 starb jedoch die zweite Tochter Orra Maude und wurde neben ihrem Bruder Kit Carson in Rochester, New York beerdigt. Es war ein weiterer schwerer Schicksalsschlag für Cody und Louisa gewesen, sodass ersterer seinen Scheidungsantrag zwar fürs erste wieder zurückzog, in der Folgezeit jedoch noch mehr Alkohol trank, als es ihm guttat. Ein zweiter Scheidungsantrag folgte 1905 in Cheyenne, Wyoming. Das Ganze wurde zu einer öffentlichen und überaus unappetitlichen Schlammschlacht, in der Cody seine Frau am Ende sogar beschuldigte, ihn vergiften zu wollen, während er selber eine Affäre mit der minderbegabten Schauspielerin Cathrine Clemmons pflegte. Louisa forderte für sich das Haus im Lincoln County sowie das alleinige Sorgerecht über die noch lebenden Kinder ein, lehnte darüber hinaus aber eine Scheidung ab, sehr zur Belustigung der Zeitungsschreiber. Am 23. März 1905 verwarf schließlich auch das Bezirksgericht von Sheridan, Wyoming den Scheidungsantrag und die Ehe behielt weiterhin ihre Gültigkeit, wenn auch nur noch auf dem berühmten Stück Papier. Beide Eheleute gingen fortan getrennte Wege, doch im Jahre 1910 versöhnten sie beide am Ende wieder und Louisa besuchte die Show ihres Mannes, wann immer sich die Gelegenheit dafür bot.

War das Jahr 1883 lediglich der Auftakt zu Buffalo Bills Wild West gewesen, dessen Auftritte sich auf den Nordosten der USA beschränkt hatten, so bildete das Jahr 1884 einen gewaltigen Sprung nach vorne, was sowohl die Anzahl der Auftritte als auch die Auftrittsorte anbetraf. Die Show zog die Menschen wie ein Magnet an und Tausende von ihnen gingen in die Vorstellungen, die nun auch von den Menschen im Süden der USA besucht werden konnten. In Connnecticut, Illinois, Indiana, Kentucky, Louisiana, Maryland, Massachusetts, Michigan, Mississippi, Missouri, New York, New York City, Ohio, Pennsylvania, Rhode Island, Tennessee, West Virginia und in der Hauptstadt Washington D. C. strömten die Menschenmassen in die Vorstellungen und als Cody am Ende des Jahres mit seiner Show in New Orleans, Louisiana überwinterte, hatte man knapp 70 Orte und Städte der USA bereist, derweil Codys Presseagent Major John M. „*Arizona John*" Burke (1842-

1917) bereits die Werbetrommel für die Saison des Jahres 1885 zu rühren begann. All die Städte und Ortschaften in den USA und Kanada aufzuzählen, wo Codys Show auftrat, würde den Rahmen dieses Buches sprengen und wer näheres dazu erfahren möchte, dem sei an dieser Stelle, die im Internet aufzufindende Seite: *„Did Buffalo Bill visit your Town?",* Stand April 2017 ans Herz gelegt, die all jene Städte und Orte aufzählt, wo William F. Cody mit seiner Show Wild West oder auch als Mann des Wilden Westens seine Fußabdrücke hinterlassen hat.

1885 stieß die Kunstschützin Annie Oakley (1860-1926) zusammen mit ihrem Ehemann Frank Butler (1847-1946) sowie der Hunkpapa-Häuptling Sitting Bull zu Codys Show. Als letzterer 1884 durch Alvaren Allen´s Rundreise, die Leute wie ein Magnet angezogen hatte, witterte Cody ein gutes Geschäft mit seinem Namen als Zugnummer für seine Show und so setzte er alle Hebel in Bewegung, um den Häuptling für sich zu gewinnen. Das Innenministerium stand seinem Ansinnen zunächst ablehnend gegenüber, doch der Indianeragent von Standing Rock, James McLaughlin, meinte, dass es gar keine schlechte Idee wäre, den alten, aufsässigen und zu allem Übel auch noch dickköpfigen Häuptling eine Zeitlang aus der Reservation zu entfernen, damit er dort keinen schlechten Einfluss mehr auf die anderen Sioux ausüben könne. Am liebsten hätte es McLaughlin wahrscheinlich gesehen, dass der Hunkpapa-Häuptling dort überhaupt nicht mehr aufgekreuzt wäre. Sein frommer Wunsch sollte sich, um es gleich vorwegzunehmen, jedoch nicht erfüllen, gleichwohl sich auch Sitting Bull selber zunächst gegen Codys Anwerbungen gesträubt hatte. Er wollte kein „Zirkus-Indianer" werden. Erst im letzten Jahr hatte er die Städte der Weißen zu Gesicht bekommen und er war ihrer mittlerweile überdrüssig geworden. Die Weißen überall um ihn herum, sahen alle gleich aus, logen, dass sich die Balken bogen und wollten das Land der Sioux stehlen. Am Ende gelang es schließlich Codys Promotor John Burke, den Häuptling umzustimmen, allerdings erst, nachdem er ihm versprochen hatte, dass Annie Oakley mit in der Show auftreten würde und dass er sein fotografisches Abbild auf eigene Rechnung verkaufen durfte, um seine kärgliche Wochengage von 50 Dollar, die Cody ihm versprach, aufzubessern. Laut der eigenen (und einzigen) Aussage Oakleys, freundete sie sich im März 1884 in St. Paul, Minnesota mit Sitting Bull an, der von ihren Schießkunststücken derart begeistert gewesen war, dass er ihr den Namen *„Little Sure Shot"* gegeben hatte und sie als seine Tochter „adoptierte." Doch für diese Aussage existiert lediglich Annie Oakleys alleinige Behauptung.

Während der Saison des Jahres 1885 sah Sitting Bull viele Städte in den USA und Kanada, während alleine sein Name die Menschen in die Freilichtshow lockte. Dort ritt er alleine auf seinem Pferd um die Arena, wo er von dem Publikum als Mörder von General Custer ausgebuht und beschimpft wurde. Nach der Show allerdings standen dieselben Menschen Schlange vor seinem Zelt, um ein Foto des Häuptlings zu ergattern, das er eigenhändig signiert hatte und das er für einen Dollar das Stück verkaufte. Das Geld, was er so im Verlaufe der Tournee einnahm, verschenkte er jedoch an mittellose Kinder, die den Häuptling verfolgten, wie junge Küken ihre Henne. Später äußerte sich der Häuptling diesbezüglich einmal, indem er meinte, dass die Weißen zwar viele Dinge herzustellen vermochten, diese aber nicht gerecht zu verteilen verstanden - ein Zitat, das bis in die Gegenwart hinein zeitlos zu sein scheint.

Der Häuptling blieb wie gesagt nur eine Saison lang bei Codys Show, danach kehrte er in das Reservat Standing Rock zurück, weil dort das Gerücht umging, dass man den Sioux weitere Teile ihres Landes wegnehmen wollte. Als Abschiedsgeschenk erhielt er von Cody einen weißen Sombrero und einen dressierten Grauschimmel, der sich beim Krachen eines Schusses hinsetzte und dabei einen Huf hob. Beide Männer sollten sich tatsächlich nie mehr wiedersehen.

Zu Beginn des Jahres 1887 trat Codys Show im New

Yorker Madison Square Garden auf, um sich dann am 31. März auf dem Dampfer *State of Nebraska* zu Ehren des 50-jährigen Thronjubiläums von Queen Victoria (1819-1901), nach England hin einzuschiffen. Mitte April legte das Schiff in den Royal Albert Docks an, wo ein Sonderzug wartete, der Codys Show hinüber nach Earls Court brachte. Seit dem Tod ihres Gemahls Prinz Albert von Sachsen-Coburg-Gotha im Jahre 1861, hatte sich die Queen nur noch selten in die Öffentlichkeit begeben und als sie am 11. Mai der Show beiwohnte, verblüffte und erfreute sie die Amerikaner gleichermaßen, als sie sich von ihrem Platz erhob, um der amerikanischen Fahne die Ehre zu erweisen, denn dieses hatte seit der amerikanischen Unabhängigkeitserklärung noch kein britischer Monarch getan. Obwohl sie nur eine Stunde der Show beizuwohnen gedachte, blieb sie bis zum Schluss und ordnete anschließend an, dass man ihr Cody und die anderen Darsteller vorstellen möge. Danach lud sie Cody ein, anlässlich ihres 50-jährigen Thronjubiläums, am 20. Juni 1887, nach Windsor Castle zu kommen, welches vor den gekrönten Häuptern aus ganz Europa in der Westminster Abbey stattfinden sollte. Victoria, die starke Sympathien für die amerikanischen Ureinwohner hegte, besuchte dabei das Zeltlager der Oglala und Pawnee, wobei sie meinte:

„Ich bin 67 Jahre alt. Auf der ganzen Welt habe ich alle Arten von Menschen gesehen; heute jedoch sah ich die schönsten Menschen, die mir je vor Augen gekommen sind. Wenn ihr mir gehörtet, dann würde ich es nicht erlauben, dass man euch in solch einer Schaustellung herumführt (...)."

Black Elk, „Ich rufe mein Volk", S. 207

Nach einem letzten Auftritt, am 30. April 1888 in Manchester, kehrte Codys Ensemble wieder in die Vereinigten Staaten zurück, wo sie in Staten Island gastierte, während Buffalo Bill allabendlich im Hotel Astoria hofiert wurde.

Am 18. Mai 1889 begann Codys zweite Europa-Tournee in Paris (bis 14.11). Von dort aus ging es über Lyon (17. bis 28.11) und Marseille (01. bis 16.12) hinunter ins sonnige Spanien, wo die Show vom 27.12 bis zum 19.01 1890 überwinterte. Von Spanien aus ging es weiter nach Italien, zunächst nach Neapel (26.01 bis 17.02), Rom (20.02 bis 09.03), Florenz (12. bis 20.03), Bologna (23. bis 31.03), wo die Show u. a. Papst Leo XIII (1810-1903) erfreute, wobei er nebenbei einige von Codys Indianern zum Christentum bekehrte. Danach folgte Mailand (02 bis 13.04) und Verona (14. bis 16.04 1890). Von Italien aus zog die Show nach Norden, wo sie erstmalig auch die Deutschen in ihren Bann ziehen sollte.

Vom 19.04 bis 05.05.1890 gastierte der „*Ochsen-Willy*" in München, dann in Dresden (01. bis 16.06), Leipzig (17. bis 22.06), Magdeburg (24. bis 30.06), Hannover (01. bis 14.07), Braunschweig (15. bis 20.07), Hamburg (24. bis 31.08), Bremen (02. bis 11.09), Köln (16. bis 22.09), Düsseldorf (23. bis 29.09), Frankfurt (30.09 bis 13.10), Stuttgart (14. bis 19.10) und zum Abschluss der Saison Straßburg (21. bis 26.10 1890). Dann endete die erste Europatournee von Buffalo Bills Wild West, die sich auf der *Persian Monarch* wieder nach Amerika hin einschiffte.

Im Jahre 1890, als die sogenannte Geistertanzbewegung auch auf die Sioux- und Cheyenne-Reservate übersprang, versuchte die Regierung mit Codys Hilfe, den vermeintlichen Urheber dieses Tanzes - Sitting Bull - dazu zu veranlassen, die Reservation für einige Zeit zu verlassen, bis sich die angespannte Lage wieder beruhigt hätte. Als Cody jedoch in Standing Rock angekommen war, wurde er von McLaughlin nicht zu dem Häuptling vorgelassen, weil der befürchtet hatte, dass der Showman Buffalo Bill die geplante Verhaftung des Häuptlings nur vermasselt hätte. Verärgert verließ Cody daraufhin das Reservat wieder, wo es bald darauf zu einer unheilvollen Verkettung von Ereignissen kommen sollte, die in dem gewaltsamen Tod von Sitting Bull und dem anschließenden Massaker von Wounded Knee mündeten, die einen weiteren, letzten, traurigen Höhepunkt in den Indianerkriegen markieren sollten. Im Jahre 1892 gab Codys 600 Mann starke Truppe, 190 Auftritte in 131 Stadien, im darauffolgenden Jahr waren es dann 100 Auftritte in vier Monaten.

Louisa Maude Frederici Cody
(1844-1921)

Arta Lucille Cody
(1866-1904)

Kit Carson Cody
(1870-1876)

Orra Maude Cody
(1872-1883)

Drei Schauspieler im Osten. V.l.n.r.: James Butler Hickok, John Baker *„Texas Jack"* Omohundro und William Frederick Cody

Edward Zane Carroll Judson, alias *„Ned Buntline"*

Irma Louisa Cody
(1883-1918)

Nathan „Nate" Salsbury
(1846-1902)

Buffalo Bill und Sitting Bull

Annie Oakley
(1860-1926)

Werbeplakat für Buffalo Bills Wild West

Der berühmteste Amerikaner

Die Jahre 1891 und 1892 verbrachte die Show erneut in Europa, wo sie in Belgien, Deutschland, England, Wales und Schottland auftrat bevor sie am 12. Oktober 1892 in London zum Abschluss gebracht wurde. 1893 wollte Cody mit seiner Show bei der Weltausstellung in Chicago auftreten, erhielt von den Veranstaltern jedoch eine Abfuhr. Cody suchte sich daraufhin einen Platz westlich von Chicago für seine Show aus und bald schon zogen die Besucher nach dorthin, während er, sehr zum Verdruss der Veranstalter, auch noch die Lizenzgebühr für seine Show eingespart hatte. 1893 war auch das Jahr gewesen, wo seine Schwester Laura Ella „Helen" Cody den Redakteur der *„Duluth Press"* in Minnesota, Hugh A. Wetmore heiratete, wobei Buffalo Bill die Druckerei der Zeitung kaufte und somit Teilhaber der schreibenden Zunft wurde.

Nathan „Nate" Salsbury, der am 28. Februar 1846 in Freeport, Illinois geboren worden war, war das Organisationsgenie hinter der Show gewesen. Er hatte somit einen überaus harten Job gehabt, denn das Ensemble zählte in den späteren 1890er Jahren rund 500 Schauspieler und Mitarbeiter, darunter 100 Indianer, die dreimal am Tag etwas essen mussten. Die Show besaß eine eigene Feuerwehr und erzeugte ihre eigene Elektrizität. Die Darsteller lebten in Zelten und schliefen in Schlafwagen der Eisenbahn, die die Show von Stadt zu Stadt transportierte. Die Ausgaben waren hoch und beliefen sich auf runde 4.000 Dollar am Tage.

1895 stieß James A. Bailey vom Zirkus *Barnum & Bailey* zu Codys Truppe und perfektionierte die Reisearrangements seiner Wildwestshow. Neben den Darstellern transportierten die Züge Hunderte von Show- und Zugpferden, Tribünenteile für die Sitzplätze der rund 20.000 Zuschauer, außerdem 30 Bisons und Zeltleinwände, um die Show sozusagen unter Dach und Fach zu bringen. Wurde alles in den jeweiligen Auftrittsorten be- und entladen, so konnte man sich das „Ahh!" und „Ohh!", der Menschen, die sich dieses Spektakel außerhalb der Show ansahen, bildlich vorstellen, was insbesondere für Codys Oglala und Pawnee-Indianer sowie den Bisons galt, die man bestenfalls von Bildern oder Illustrationen her kannte. Ein Stab von Mitarbeitern war nötig, um die Lizenzen zu besorgen, die Plätze, für die Show auszukundschaften (vorzugsweise in der Nähe der Eisenbahn), Tonnen von Nahrungsmitteln und Getränken zu besorgen und darüber hinaus auch kräftig die Werbetrommel zu rühren, damit die Menschen in Codys Show strömten.

1899 reiste Buffalo Bills Wild West in 200 Tagen rund 17.700 Kilometer weit. Es wurden 341 Auftritte in 132 Orten und Städten in den USA gegeben, wobei eine Vorstellung runde zwei Stunden lang andauerte. Danach wurde, wie bei einer gut geölten Maschine, alles wieder abgebaut, verladen und über Nacht in den nächsten Ort transportiert, wo sich das ganze Szenario dann wiederholte. Dank dieser logistischen Meisterleistung wurde Codys Show schließlich auch die bekannteste und erfolgreichste von allen, die es bis dahin in den Vereinigten Staaten und darüber hinaus gegeben hatte.

Die Einnahmen der Show waren immens und Cody verdiente Hunderttausende von Dollars während dieser Zeit. Das Geld, was er jedoch einnahm, gab er sogleich mit vollen Händen wieder aus. So musste er im Jahre 1895 Nate Salsbury um 5.000 Dollar anpumpen, um seinen protzigen Lebensstil finanzieren zu können. Die Gründung der Stadt Cody 1896 in Wyoming mit dem berühmten, im Jahre 1902 nach seiner Tochter benannten Irma Hotel, sowie das Geburtshaus, dass in Cody originalgetreu wieder aufgebaut wurde, verschlang ebenfalls Unsummen von Geld, wobei Cody gehofft hatte, dass Touristen, die den Yellowstone Park besuchten, dort einkehren würden. Im Jahre 1905 wurde der Bau des *Wapiti Inn* und *Pahaska Tepee* fertiggestellt und für die Gäste eröffnet.

Einen weiteren herben Rückschlag für die Show musste Cody im Jahre 1901 einstecken, als Annie

Oakley bei einem Eisenbahnunfall so schwer an der Wirbelsäule verletzt wurde, sodass sie sich aus Buffalo Bills Wild West vollends zurückziehen musste. 1903 kam ihr Name zudem in die Negativschlagzeilen, als behauptet wurde, dass sie einen Kunden in Chicago beraubt habe, um ihre Kokainsucht finanzieren zu können. Allerdings war diese Geschichte eine sogenannte „Zeitungsente" gewesen, denn eine Tänzerin, die unter dem Bühnennamen Annie Oakley auftrat, war für diese Tat verantwortlich gewesen. Annie führte nachfolgend 55 Prozesse wegen Verleumdung gegen die Hearst-Presse, wovon sie bis zum Jahre 1910 54 gewann und eine Schadensersatzsumme in Höhe von 27.500 Dollar erstritt. 1922 hatte sie zusammen mit ihrem Ehemann Frank Butler einen Autounfall, von dem sie sich nie wieder erholen sollte. Sie starb am 26. November 1926 in Greenville, Ohio eines natürlichen Todes, an *morbus biermer*, einer Form der Blutarmut. Irving Berlin ehrte sie 1946 mit dem Broadway-Musical *„Annie Get your Gun."*

1903 schiffte sich Codys Wild West nach Europa ein, wo sich die Menschen aus Holland, Belgien, Spanien, Italien, Deutschland, Österreich, Frankreich und Ungarn die Show bis in das Jahr 1906 hinein ansehen konnten.
Doch langsam gingen die Zuschauerzahlen der Wild-

westshow immer mehr zurück, weil die Menschen ein neues Medium, nämlich das Kino, für sich entdeckt hatten. 1903 brachte Edwin S. Porter den Film *„The Great Train Robbery"* in die Kinos, der ihn als Erfinder des Westerns berühmt machen sollte. Auch Cody drehte als Regisseur und Kurzdarsteller 1903 einen kleinen „Dokumentarfilm" mit dem Namen *„The Indian War"*, doch damit sollte ihm auch kein Erfolg mehr beschieden sein.

1908 schloss er sich mit dem am 14. Februar 1860 in Bloomington, Illinois geborenen Gordon William Lillie, alias *„Pawnee Bill"* zusammen und die Show nannte sich fortan *„Two Bills."*

1910 wollte sich Buffalo Bill dann endgültig aus dem Showgeschäft zurückziehen, doch er war bereits zu viele finanzielle Verpflichtungen eingegangen, denen er am Ende nachkommen musste.

Der letzte Vorhang fällt

Im Jahre 1913 musste Buffalo Bill Konkurs anmelden und ritt nunmehr selber als sein eigener Darsteller durch seine Show, die ihm nicht mehr gehörte. In seinen letzten Lebensjahren lebte er in einem kleinen Verschlag neben der Bühne. Von Rheuma und einem Nierenleiden geplagt, musste man den einstigen Kundschafter in den Sattel seines Pferdes helfen. Dann allerdings riss er sich zusammen und ritt wie in alten Zeiten einmal um die Manege, nahm seinen Hut vom Kopf und verkündete die Worte:

„Meine Damen und Herren! Hier ist er - der Congress of the Rough Riders of the World - der wildesten Reiter der Welt!"

Hinter den Kulissen sackte er dann vor Schmerzen zusammen und musste auf sein Lager gebettet werden.

Am 11. November 1916 - in Europa tobte mittlerweile der Erste Weltkrieg - hatte Buffalo Bills Wild West in Portsmouth, Virginia seinen letzten Auftritt. Zwei Monate später, auf dem Sterbebett, konvertierte er zum römisch-katholischem Glauben und wurde ein Tag vor seinem Tod von Pater Christopher Walsh getauft. Als Cody sein Ende gespürt hatte, fragte er den Arzt, wie lange er noch zu leben hätte? Dieser antwortete: *„Etwa 36 Stunden, Sir."* Cody meinte: *„Alles klar"* und rief seinen Schwager Lew Decker zu sich an sein Bett: *„Der Doktor sagt, ich habe 36 Stunden, lass es uns vergessen und ein paar Karten spielen."*

Das Ende kam am 10. Januar 1917 um 12.05 Uhr. Buffalo Bill Cody starb im Beisam seiner Familie und Freunde im Haus seiner Schwester Mary „May"

Decker in Denver, Colorado an Nierenversagen und seine angeblich letzten Worte waren:

„Lasst meine Show weitergehen."

Der Boden Colorados war bei einer Höhe von 1.600 m über dem Meeresspiegel bei nächtlichen Temperaturen von bis zu -25° Celsius betonhart gewesen und so wurde Codys Leichnam von seiner Witwe Louisa Maude im Keller des Bestattungsunternehmers Olinger fünf Monate lang eingelagert, bis der Boden soweit wieder aufgetaut gewesen war, um die Beerdigung vorzunehmen zu können. Da es jedoch zum Streit darüber gekommen war, wo Cody am Ende beerdigt werden sollte, in Cody, Wyoming oder Denver, Colorado (Cody selber hatte diese Entscheidung testamentarisch in die Hände seiner Frau gelegt), drohten die Bürger von Cody damit, Buffalo Bills Leichnam notfalls mit Gewalt nach Cody zu holen, woraufhin man in Denver begann, Wachen vor der Leichenhalle zu postieren.

Am 03. Juni 1917 wurde der berühmteste Kundschafter und Vertreter Amerikas am Lookout Mountain in Golden, westlich von Denver am Rande der Rocky Mountains mit Blick auf die Prärie beerdigt. Die genaue Stelle seines Grabes wurde dabei von seiner Schwester Mary festgelegt. Dem Begräbnis wohnten 25.000 Menschen bei. Der deutsche Kaiser

Willhelm II (1859-1941), Englands König George V. (1865-1936), US-Präsident Thomas Woodrow Wilson (1856-1924) und nicht zuletzt der Stammesrat der Oglala-Sioux sendeten Kondolenznoten.
Ein paar Jahre später lobte eine Veteranen-Organisation in Cody eine Belohnung von 10.000 Dollar für denjenigen aus, der Codys Leichnam zurück nach Cody bringen würde. Die Antwort aus Colorado erfolgte prompt und bewaffnete Nationalgardisten bewachten fortan das Grab des berühmten Wildwesthelden.

Im Gegensatz zu vielen Berichten, war Cody am Ende seines Lebens nicht völlig verarmt gewesen, aber seine einstigen Millionengewinne aus der Show, waren auf kärgliche 100.000 Dollar zusammengeschmolzen. Was blieb war jedoch sein unsterblicher Name in den Geschichtsbüchern sowie seine weltweite Berühmtheit, die die Zeiten bis heute überdauert hat. Seine Frau Louisa sollte ihn um vier weitere Jahre überleben. Sie starb am 21. Oktober 1921 in Cody Park, Wyoming und wurde neben ihrem Mann in Golden, Colorado beerdigt.

Ein Jahr nach Buffalo Bills Tod, folgte ihm Irma Louisa, die als letzte lebende Tochter, am 15. Oktober 1918 ebenfalls in Cody Park starb.

Codys Schwester Mary Hannah *„May"* starb am 26. April 1926 in Denver, Colorado.

Das letzte der Geschwister, Julia Melvina Cody, starb am 26. Oktober 1926 in Honolulu auf Hawaii.

Ehre wem Ehre gebührt

Am 26. April 1872 wurde Cody der höchste Armee-Orden, die Medal of Honor, für seine Kundschafterdienste bei der 5. US-Kavallerie verliehen.
Diese Medaille wurde am 21. Dezember 1861 mit Genehmigung von US-Präsident Abraham Lincoln im Amerikanischen Bürgerkrieg eingeführt und wurde damals an denjenigen verliehen...

„(...) der sich selbst durch seine Tapferkeit im Einsatz von den anderen abhebt."

Die Medaille wurde dem Private Jacob Parrott am 25. März 1863, als erstem einer 6-köpfigen Gruppe verliehen. Im Jahre 1865 wurde Mary Edwards Walker als bis heute einzige Frau die Medal of Honor für ihren Einsatz als Sanitäterin während der ersten Schlacht von Bull Run Creek (21. Juli 1861) verliehen.

Am 05. Februar 1917 wurde Cody und anderen Trägern die Medaille wieder aberkannt, da der US-Kongress die Standards für die Verleihung änderte und dabei die Auffassung vertrat, dass sie nur dem militärischen Personal hätte verliehen werden dürfen, woraufhin 911 Medaillen, darunter auch die von Cody, nachträglich wieder aberkannt wurden. Am 12. Juni 1989 wurde ihm der Orden auf Intervention des *Buffalo Bill Historical Centers* und Dank der Hilfe des Kongressabgeordneten Dick Cheney (* 1941) für seine Verdienste als Kundschafter in den Indianer-Kriegen jedoch abermals zuerkannt.

***

Buffalo Bill zusammen mit seinen Schwestern im Jahre 1904. V.l.n.r.:
Julia, Mary Eliza und Helen Cody

Buffalo Bill auf einer seiner letzten Aufnahmen aus dem Jahre 1916.

Bibliografie:

Carter, Robert A.:	Buffalo Bill Cody: The Man behind the Legend, New York, 2000
Cody, Helen W.:	Buffalo Bill, der letzte große Kundschafter, Berlin o.J.
Franzen, Michael:	Wild Bill Hickok – Spieler und Revolverheld, Neumünster/Berlin 2017
	Die Teton-Sioux – Ein Volk kämpft!, Neumünster/Berlin 2017
Kuegler, Dietmar:	Bisonjagd – Geschichte einer Beinahe-Ausrottung, Wyk auf Föhr 1990
Kuegler, Dietmar:	Pony-Express, Wyk auf Föhr 1997
Längin, Bernd G.:	Der Amerikanische Bürgerkrieg – Eine Chronik in Bildern Tag für Tag, Augsburg 1998
Rosa, Joseph. G:	The Called Him Wild Bill – The Life and Adventures of James Butler Hickok, Norman (Okl) 1974
Russell, Don:	The Lives and Legends of Buffalo Bill, Norman (Okl), 1979
Buffalo Bill Mus.:	Did Buffalo Bill visit your Town?, compiled by Buffalo Bill Museum and Grave, Golden, Colorado 2010

Michael Franzen

Tagebuch der Amerikanischen Geschichte Teil 1
1607 - 1699

Die Geschichte der englischen Kolonisierung Nordamerikas. Von der ersten dauerhaften Besiedlung von Jamestown in Virginia, im Jahre 1607, über die Gründung der 13 Kolonien an der Ostküste der späteren Amerikanischen Staaten von Amerika bis hin zum Ende des 17. Jahrhunderts. Chronologisch zusammengefasst in rund 460 Daten, mit einem übersichtlichen Personenregister am Ende des Buches - **172 Seiten als Taschenbuch, 46 s/w-Abbildungen, ISBN 978-3-750256-27-9 für 8,99 €.**

Michael Franzen

Tagebuch der Amerikanischen Geschichte Teil 2

Die Geschichte der englischen Kolonisierung Nordamerikas. Von den kolonialen Kriegen zwischen Frankreich und Großbritannien bis hin zum Vorabend der Amerikanischen Revolution. Chronologisch zusammengefasst in rund 665 Daten, mit einem übersichtlichen Personenregister am Ende des Buches - **210 Seiten als Taschenbuch, 46 s/w-Abbildungen, ISBN 978-3-750272-95-8 für 9,95 €.**

Michael Franzen

Tagebuch der Amerikanischen Geschichte Teil 3
1776 - 1799

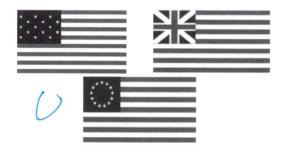

Die Geschichte der Vereinigten Staaten von Amerika, von der Unterzeichnung der Unabhängigkeitserklärung im Jahre 1776, über die Amerikanische Revolution bis hin zum Ende des 18. Jahrhunderts. Chronologisch zusammengefasst in rund 480 Daten, mit einem übersichtlichen Personenregister am Ende des Buches **- 168 Seiten als Taschenbuch, 25 s/w-Abbildungen, ISBN 978-3-750252-68-4 für 8,99 €.**

Michael Franzen

Tagebuch der Geschichte der USA des 19. Jahrhunderts
1800 - 1811

Band 1 der Geschichte der USA des 19. Jahrhunderts beschreibt die Zeit von 1800 bis1811. Die Lewis- und Clark-Expedition markiert den Beginn der Erforschung und Eroberung des Amerikanischen Westens. Durch die napoleonischen Kriege in Europa kommt es zum Handelskrieg mit Frankreich und Großbritannien - **96 Seiten als Taschenbuch, 16 s/w-Abbildungen, ISBN 978-3-7450-6510-7 für 6,99 €.**

Michael Franzen

Tagebuch der Geschichte der USA des 19. Jahrhunderts
1812 - 1824

Band 2 der Geschichte der USA des 19. Jahrhunderts beschreibt die Zeit von 1812 bis 1824. Durch die fortlaufenden Spannungen mit Großbritannien und Frankreich kommt es schließlich zum „Zweiten Unabhängigkeitskrieg" mit England. Der anschließende wirtschaftliche Aufstieg findet in der „Era of Good Feelings" ihren Ausdruck und auch außenpolitisch setzen die USA mit der „Monroe-Doktrin" neue Akzente - **156 Seiten als Taschenbuch, 23 s/w-Abbildungen, ISBN 978-3-7450-6791-0 für 7,95 €.**

Michael Franzen

Tagebuch der Geschichte der USA des 19. Jahrhunderts
1825 - 1845

Band 3 der Geschichte der USA des 19. Jahrhunderts beschreibt chronologisch die Zeit ab der Veränderung der Parteienlandschaft in den USA seit 1825 und dem gleichzeitigen Erstarken der Jacksonian-Partei, die in der Wahl von Andrew Jackson zum 7. Präsidenten der Vereinigten Staaten gipfeln sollte. Der verstärkte Zustrom der weißen Amerikaner in die mexikanische Provinz von Texas, führt zum Freiheitskampf der texanischen Siedler und am Ende zur Gründung der Republik Texas, seiner Annexion durch die USA und dem daraus resultierenden Krieg mit Mexiko - **188 Seiten als Taschenbuch, 33 s/w-Abbildungen, ISBN 978-3-7450-6891-7 für 8,99 €.**

Michael Franzen

Tagebuch der Geschichte der USA des 19. Jahrhunderts
1846 - 1860

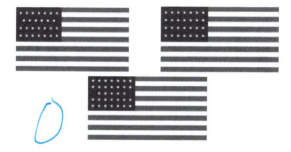

Band 4 der Geschichte der USA des 19. Jahrhunderts beschreibt chronologisch die Zeit vom Krieg mit Mexiko, der den USA große territoriale Gewinne bringt. Durch den Goldrausch in Kalifornien ziehen Goldsucher und Aussiedler nach dem Westen und brechen dabei auch in die Heimatgebiete der indianischen Ureinwohner ein. Der Kansas-Bürgerkrieg ist der dunkle Vorbote des sich nahenden Bürgerkrieges zwischen dem Norden und dem Süden - **180 Seiten als Taschenbuch, 37 s/w-Abbildungen, ISBN 978-3-7450-7034-7 für 8,99 €.**

Michael Franzen

Tagebuch der Geschichte der USA des 19. Jahrhunderts
1861 - 1865

Der fünfte Band der Geschichte USA des 19. Jahrhunderts beschreibt chronologisch die Zeit der Wahl von Abraham Lincoln zum Präsidenen der USA und dem sich anschließenden Amerikanischen Bürgerkrieg, der vier Jahre lang blutig vor sich hintobt. Die ersten Kriegsjahre werden vom Süden dominiert, bis sich die zahlenmäßige und industrielle Überlegenheit des Nordens schließlich durchsetzen sollte. Die Sklavenbefreiung war eine Folge dieses Krieges, der mit der Ermordung von Präsident Lincoln endete - **188 Seiten als Taschenbuch, 41 s/w-Abbildungen, ISBN 978-3-7450-7061-3 für 8,99 €.**

Michael Franzen

Tagebuch der Geschichte der USA des 19. Jahrhunderts
1866 - 1877

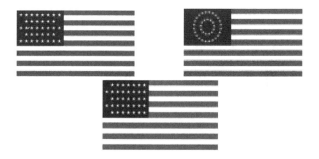

Der sechste Band der Geschichte der USA des 19. Jahrhunderts beschreibt chronologisch die Zeit nach dem Amerikanischen Bürgerkrieg, die mit der Rekonstruktion, der Wiedereingliederung der ehemaligen Südstaaten, einhergeht. Die Menschen, die durch den Krieg ihr Hab und Gut verloren haben, ziehen vermehrt in den Westen und brechen in die Gebiete der dort beheimateten Plains-Indianer ein. Die Zeit des „Wilden Westens" prägt das Bild der USA nachhaltig - **184 Seiten als Taschenbuch, 37 s/w-Abbildungen, ISBN 978-3-7450-8498-6 für 8,99 €.**

Michael Franzen

Tagebuch der Geschichte der USA des 19. Jahrhunderts
1878 - 1888

Der siebente Band der Geschichte der USA des 19. Jahrhunderts beschreibt chronologisch die Zeit der Besiedlung des Mittelwestens und dem voranschreitenden Eisenbahnbau. Die Indianerkriege sind beendet und lediglich die im Südwesten der USA beheimateten Apachen leisten der US-Armee bis 1886 noch Widerstand. Der Wilde Westen beginnt langsam zivilisiert zu werden und die Vereinigten Staaten rüsten sich für den Aufbruch in die Moderne - **166 Seiten als Taschenbuch, 33 s/w-Abbildungen, ISBN 978-3-746706-43-6 für 7,99 €.**

Michael Franzen

Tagebuch der Geschichte der USA des 19. Jahrhunderts
1889 - 1899

Der achte Band bildet den Schlusspunkt der Geschichte der USA des 19. Jahrhunderts. Die Siedlungsgrenze ist aufgehoben und der Wilde Westen erobert. Die Vereinigten Staaten führen zum Ende des 19. Jahrhunderts Krieg gegen Spanien und stärkt damit seinen Einfluss im Pazifik. Es folgt der Aufbruch in die Moderne und der Aufstieg der USA zur bedeutensten Weltmacht des 20. Jahrhunderts - **204 Seiten als Taschenbuch, 32 s/w-Abbildungen, ISBN 978-3-746726-18-2 für 8,99 €.**

Michael Franzen

Wild Bill Hickok
Spieler und Revolverheld

Wild Bill Hickok war einer der schillerndsten Figuren der amerikanischen Pionierzeit und bereits zu Lebzeiten eine Legende gewesen. Von der Kindheit und Jugend bis hin zu den Goldgräbercamps von Dakota verfolgt dieses Buch den Lebensweg von James Butler Hickok und räumt mit der Legendenbildung um seine Person auf - **208 Seiten als Taschenbuch, 24 s/w-Abbildungen, 2. überarbeitete Auflage 2020, ISBN 978-3-750283-59-6 für 11,95 €.**

Michael Franzen

Die Teton-Sioux
Ein Volk kämpft!

Die Teton-Sioux entwickelten sich im 19. Jahrhundert zur größten Reiternation auf den zentralen Plains Nordamerikas. Um die Black Hills und ihr Land entwickelte sich ein langanhaltender Kampf mit der US-Armee. Häuptlinge wie Red Cloud, Sitting Bull oder Crazy Horse wurden berühmte Anführer ihres Volkes - **316 Seiten als Taschenbuch 2. überarbeitete Auflage 2020, 28 s/w-Abbildungen, ISBN 978-3-750286-07-8 für 13,95 €.**

Michael Franzen

Die Apachen
Ein Guerillakrieg in der Wildnis

Die Apachen galten als hartnäckige Verteidiger ihrer Heimat und kämpften einen über die Jahrhunderte hinweg andauernden Freiheitskampf gegen ihre indianischen Nachbarn sowie gegen die Spanier, Mexikaner und Amerikaner. Häuptlinge wie Cochise, Victorio oder Geronimo wurden legendäre Anführer ihres Volkes - **168 Seiten als Taschenbuch, 2. überarbeitete Auflage 2020, 17 s/w-Abbildungen, ISBN 978-3-750284-18-0 für 9,95 €.**

Michael Franzen

Steckbriefe des Wilden Westens

Nach Beendigung des Amerikanischen Bürgerkrieges im Jahre 1865, begann die Zeit der Cowboys, Indianer, Revolverhelden und Soldaten, die die Ära des sogenannten „Wilden Westens" bis in die heutige Zeit hinein nachhaltig prägten. Dieses Buch beschreibt in kurzen und informativen Biografien den Lebensweg jener berühmt gewordenen Männer dieser Zeit - **182 Seiten als Taschenbuch, 154 s/w-Abbildungen, ISBN 978-3-746733-82-1 für 8,99 €.**

Michael Franzen

John Wesley Hardin
Outlaw und Revolvermann

Unter den rund 250 Revolvermännern des Wilden Westens ragen einige dank der Legendenbildung um ihre Person heraus. Einer von ihnen war der texanische Outlaw John Wesley Hardin gewesen, der - nach eigenem Bekunden - rund 44 Männer erschossen haben will. Eine Zahl, die, um es gleich vorwegzunehmen, weit übertrieben gewesen war, gleichwohl der Lebensweg Hardins ein lebendiges Stück amerikanischer Pioniergeschichte darstellt - **94 Seiten, 21 s/w-Abbildungen, ISBN 978-3-748531-64-7 für 6,99 €.**

Michael Franzen

Die Indianerkriege westlich der Rocky Mountains

Mit Beginn des kalifornischen Goldrausches, im Jahre 1849 sowie der Besiedlung des amerikanischen Nordwestens, begann eine langjährige Auseinandersetzung mit den dort beheimateten Indianervölkern, die rund ein Vierteljahrhundert lang andauerten. Am Ende war auch der Westen Amerikas von den weißen Siedlern erobert worden und die Indianer von ihrem Land vertrieben worden - **128 Seiten, 31 s/w-Abbildungen, ISBN 978-3-750200-72-2 für 8,99 €**

ISBN 978-3-7502-8684-9

www.epubli.de

Printed in Poland
by Amazon Fulfillment
Poland Sp. z o.o., Wrocław